HISTÓRIA DE UM Artista

para os espectadores atentos. balho, o bom lazer precisam gar
biente, impregnado de energias be- bui para a felicidade e para o p
el bem-estar que estava sentindo. ados a achar bonito o que faz
tra vez a mesma alegria quan- mesmo teor inferior, focando o suc
com olhos e até bocas abertas so- o mal que nos inspira a continua
co. Aquele sentimento gostoso, mas lutivo, quase que estacionados n
cena os incontáveis dias de ensaio. Que saudade de trabalhar no tea
da vida imortal, muito mais lú- tanto, tive que dar uma parada
ncômodos que o corpo acarreta. que me desprender de tudo o que
disso quando imersos de corpo e alma lia como preciosos guardados,
que sobrevive à morte do corpo, estou A morte deu-me primeiramente
teatral em que outrora me empenha- mo de entregar-me totalmente
om tiradas de humor evidenciando a gos espirituais de outras vidas
na observação estritamente material. cuja partida lamentei, pensando
m espiritual. Eu queria expor pa- Os verdadeiros amigos não me
a capacidade de representar, e nun- gados pelo sentimento de ami
ricação em massa, de que eu parti- los, vidas terrenas em que fic
ão para o bem da humanidade. momento oportuno permitido p
trazendo para o palco o que mais via E foram esses amigos que logo
ntava com as personalidades diferen- so de derrota diante da morte,
no precisava ser conhecido pelo povo. ção. Deixei o corpo que não me
isso porque sinto que deve- tro com todo o frescor da vi
e melhor se eu não sabia? Toda mudança é difícil, principa
ocínio lógico, de bom senso, e confesso gulho e a desculpa de ser muito o
e mais gostava de ouvir a meu respeito. car qualquer orientação espiritua
o acesso à vida dos encarnados que lá a conheci, não me deu nada, sere
o teatro apresenta, choro muitas vezes tempero no script, eu desse algu
as mãos um instrumento que reper- Hoje sei que cada um sabe onde o seu
o teatro é corpo, é gesto, é fala, é espirituais de socorro e amparo, que n

MARCIA DE CASTRO SOARES

Pelo Espírito GEORGE BERNARD

HISTÓRIA DE UM *Artista*

Aliança

1ª edição, Janeiro/2013, do 1º ao 5º milheiro

Título
História de um Artista

Autor
Marcia de Castro Soares

Revisão
Arlete Genari

Diagramação
Cíntia Funchal Rocha de Carvalho

Capa
Thaís Sandroni Mota

Impressão
Markpress Brasil Industria Grafica Ltda.

Ficha Catalográfica

Dados Internacionais de Catalogação na Publicação (CIP)
(Câmara Brasileira do Livro, SP, Brasil)

Bernard, George (Espírito)
História de um Artista/ pelo Espírito George. --
São Paulo : Editora Aliança, 2013.

ISBN: 978-85-88483-86-6

1. Espiritismo 2. Psicografia 3. Romance
I. Soares, Marcia de Castro. II. Título .

13-00459 CDD-133.9

Índice para catálogo sistemático:

1. Romance espírita psicografado : Espiritismo 133.9

Editora Aliança
Rua Major Diogo, 511 - Bela Vista - São Paulo - SP
CEP 01324-001 | Tel.:(11) 2105-2600 | Fax: (11) 2105-2626
www.editoraalianca.com.br | editora@editoraalianca.com.br

Sumário

"Eu sou um Espírito! Como nos esquecemos disso quando imersos de corpo e alma na poeira da vida terrena... E como Espírito que sobrevive à morte do corpo, estou consciente do tempo perdido na criatividade teatral em que outrora me empenhava com diálogos sarcásticos sobre política, com tiradas de humor evidenciando a graça na ignorância alheia, na maledicência, na observação estritamente material."

"Quando a arte atende ao gosto habitual do público, ela não se eleva como arte. Ela deve estar sempre evoluindo, surpreendendo os corações que intimamente deixaram nas mãos do artista a tarefa de lhes mostrar algo além da costumeira visão do cotidiano."

"Quando o homem cansado se recolhe ao leito para revigorar o corpo, o Espírito ali embutido durante a encarnação pode temporariamente sair para um passeio, assim como o presidiário que tem permissão para ir ao pátio tomar um pouco de sol."

"O encontro das chamadas artes é a verdadeira arte. Uma apresentação desgarrada da verdadeira arte é pobre, comum e fica na horizontalidade do cotidiano. A arte é a comunhão criativa que se eleva e eleva o público verticalmente para o bem e para o belo, que devem estar sempre juntos."

"Pensei que o advento da máquina fotográfica viera no século passado acabar com a arte de pintar uma paisagem, uma cena do cotidiano, enfim, a fotografia registrando tudo à nossa volta com mais rapidez. Contudo, a pintura estava sendo convocada a dirigir-se ao mundo interior do homem para expressar seus sentimentos, que ele até hoje não teve maturidade para expor, discutir, higienizar e espiritualmente libertar-se de seu eu inferior."

"A ética da arte é para protegê-la do escárnio público, da decadência."

"Arte espiritual é maneira de contribuir para que o homem aprenda com naturalidade sobre questões cuja abertura é bloqueada por superstição, medo, incredulidade e materialismo."

"As escolas e igrejas estão abertas para quem ali vai e nem sempre encontra o que está buscando, pois não sabe fazer seleção para eliminar o que não lhe serve e apreender o que serve. Essa seleção fica por conta da arte. Nada se cria, tudo está plasmado no éter à nossa volta, a tarefa criativa é buscar, espiritualmente, e achar."

"Não há condição de Espírito algum fazer alguém levantar-se do seu repouso e impulsioná-lo para alguma realização. Primeiro o encarnado toma a iniciativa, coloca mãos à obra, para só depois a espiritualidade amiga colaborar, e quanto mais sóbrio o artista, mais fácil será para nós do lado de cá."

"Está mais claro que, quando um pensamento infeliz vem à minha cabeça, devo logo extingui-lo com toda a força da minha vontade, sobrepondo a essa infeliz ideia uma outra bem sadia. Por ser muito difícil imprimir pensamento positivo para consumir o negativo, temos que nos valer da prece."

"Falo de maneira sutil durante todo o trabalho, minha querida, mas não esqueçamos de que estamos em dimensões diferentes, com interferências constantes na comunicação, não é mesmo?

Sei que você gosta do que faz, eu também. Formamos uma dupla de amor, que se estende com nosso esforço beneficiando outros, entende?"

"É claro que intuição e inspiração se confundem e isso é natural dentro da fábrica de pensamentos, ainda em nível primitivo do psiquismo humano. Na verdade, trata-se de burilamento para futuro desenvolvimento telepático.

Parece que telepatia é fenômeno psíquico muito distante da civilização terrena, porém não é, não."

"Vamos lembrar que um diálogo fervoroso no momento certo pode ser mais importante do que um livro inteiro."

"Já não há ninguém na face da terra que ignore a existência divina e imortal de si mesmo. Somente deixam para mais tarde a atenção sobre assuntos espirituais."

"Expor tema polêmico evidencia discordância. Polemizar é um engano que traz à tona sarcasmo, injúria, maledicência.

Arte espiritual lida com verdades absolutas. Não polemiza. Apresenta naturalmente a espiritualidade corpórea e extracorpórea."

"Não tenha medo de atrair críticas! Seu próprio medo vai irradiar forças negativas e atrair onda de críticas negativas. Essa é a lei de atração.

Maledicência e crítica negativa não chegarão até você, se não tiver medo. Não temendo, você paralisa a crítica dos outros, tolhidos e dominados por sua força mental positiva."

Eu Sou um Espírito

1

O teatro estava vazio. Sentei-me ali, bem no meio do salão, e comecei a imaginar quais foram as personagens que estiveram em cena, transmitindo seus sentimentos e emoções para os espectadores atentos.

Eu estava só, naquele silêncio. E o ambiente, impregnado de energias benéficas que eu percebia pelo indescritível bem-estar que estava sentindo.

Que saudade, que vontade de sentir outra vez a mesma alegria quando na terra o teatro estava cheio de gente com olhos e até bocas abertas sobre o que via e ouvia sob as luzes do palco. Aquele sentimento gostoso, mas eufórico, com a certeza de que valeram a pena os incontáveis dias de ensaio.

Agora me vejo aqui noutra dimensão da vida imortal, muito mais lúcido, disposto e leve, sem aqueles incômodos que o corpo acarreta.

Eu sou um Espírito! Como nos esquecemos disso quando imersos de corpo e alma na poeira da vida terrena. E como Espírito que sobrevive à morte do corpo, estou consciente do tempo perdido na criatividade teatral em que outrora me empenhava com diálogos sarcásticos sobre política, com tiradas de humor evidenciando a graça na ignorância alheia, na maledicência, na observação estritamente material.

O teatro não me deu retorno material, nem espiritual. Eu queria expor papéis diferentes para superar a mim mesmo na capacidade de representar, e nunca parei para pensar se o serviço de comunicação em massa, de que eu participava, de algum modo contribuía ou não para o bem da humanidade.

Escrevi algumas peças e dirigi alguns grupos, trazendo para o palco o que mais via lá fora em ambientes diversificados. E me encantava com as personalidades diferentes, nenhuma igual à outra, e achando que isso precisava ser conhecido pelo povo.

Hoje já não me contentaria com isso porque sinto que deveria ter feito mais. Como fazer mais e melhor se eu não sabia?

Fui considerado um homem inteligente, de raciocínio lógico, de bom senso, e confesso que assim mesmo eu me considerava, e ouvia o que mais gostava de ouvir a meu respeito.

Quando vejo hoje ainda, na terra, porque tenho acesso à vida dos encarnados que lá ficaram, a pobreza espiritual, moral e social que o teatro apresenta, choro muitas vezes.

Não fui um bom condutor de almas, tive nas mãos um instrumento que repercute fortemente no psiquismo do ser, porque o teatro é corpo, é gesto, é fala, é tom, é movimento, é vida, é energia, é vibração que irradia pelo ambiente e vai até a criatura que a tudo assiste, indefesa, influindo em sua aura espiritual.

O bom teatro, a boa notícia, o bom filme, a boa propaganda, o bom trabalho, o bom lazer precisam ganhar espaço para trazer o bem, que contribui para a felicidade e para o progresso do homem. Todavia estamos habituados a achar bonito o que fazemos, competindo com outros trabalhos no mesmo teor inferior, focando o sucesso de bilheteria, de fama, sintonizados com o mal que nos inspira a continuarmos, assim, acaçapados no mesmo grau evolutivo, quase que estacionados no mar de negatividades que nos comprazem.

Que saudade de trabalhar no teatro e sentir a atenção do espectador! No entanto, tive que dar uma parada obrigatória, com a morte do corpo. Tive que me desprender de tudo o que eu fazia, dos textos que muitas vezes eu relia como preciosos guardados, dos amigos, do teatro na vida terrena.

A morte deu-me primeiramente uma sensação de derrota. Antes mesmo de entregar-me totalmente ao desânimo, senti a presença de amigos espirituais de outras vidas em outras épocas, e também de amigos cuja partida lamentei, pensando nunca mais poder um dia reencontrá-los.

Os verdadeiros amigos não me esqueceram, nem a morte nos separou; ligados pelo sentimento de amizade pura e sincera, podem passar séculos, vidas terrenas em que ficamos envolvidos no esquecimento, mas no momento oportuno permitido pelo Alto cá estamos juntos outra vez.

E foram esses amigos que logo tiraram de mim aquele sentimento danoso de derrota diante da morte, para vê-la como oportunidade de renovação. Deixei o corpo que não me servia mais, para futuramente ganhar outro com todo o frescor da vida, para a continuidade dos meus ideais.

Toda mudança é difícil, principalmente para mim que não me preparei. O orgulho e a desculpa de ser muito ocupado não me deram a flexibilidade de buscar qualquer orientação espiritual, mesmo porque a religião, no molde que a conheci, não me deu nada, servindo-me tão somente para que, a pretexto de tempero no *script*, eu desse algumas agulhadas, banalizando a fé do povo.

Hoje sei que cada um sabe onde o seu sapato aperta. Estou aprendendo, com as equipes espirituais de socorro e amparo, que muitas pessoas aflitas procuram Deus nas religiões buscando alívio para seus sofrimentos e coragem para enfrentar dificuldades não só materiais, não, mas também espirituais, que são muitas e que, confesso, eu não as via.

A religião, que contribui dando equilíbrio e força, orientando a criatura no bem, atua como coadjuvante bem-sucedido para o homem integrar-se no seu próprio papel de protagonista da vida imortal.

A diversidade de religiões, de segmentos religiosos, hoje é para mim compreensível, porque a criatura deve estar no grupo em que se sinta bem. Ninguém pode estar bem num grupo cuja linguagem não entende. Quando não há entendimento, não há orientação espiritual.

Como as criaturas buscam o entendimento! É por isso que saltam de uma religião para outra, de uma interpretação para outra, até acharem o que lhes satisfaça.

O vazio espiritual e a falta de Deus interior são tão grandes, que sinto compaixão por todos, até por mim mesmo.

Essa compaixão é um sentimento novo para mim. Fico feliz em me ver mais sensível e agora enxergar a vida por outro prisma, uma vida eterna com experiências em dimensões diferentes, uma vida muito rica, porque tenho oportunidade de aprender também com os próprios erros.

Outro sentimento novo para mim, a humildade. Orgulhoso como fui, fico surpreso comigo mesmo, por ter a humildade de reconhecer-me uma criança espiritual que muito tem a aprender e que, ainda por imaturidade, tem dificuldade de realizar melhor a tarefa que Deus lhe concede.

Sim, Deus me concede uma pluralidade de existências, a reencarnação, a vida na superfície terrena. E dentro dessa possibilidade acumulo experiências com as de outras encarnações, formando uma bagagem de aprendizado que intuitivamente me serve na hora certa.

Eu gostava de observar o ser humano, suas reações diante da vida, surpreendia-me vendo que a derrota ou a vitória depende de nós. O desânimo estraga totalmente a vida. E àquele que segue corajosamente, sem parar no meio da estrada da vida, a vitória sorri. Ao menos isso eu já aprendi com os inúmeros exemplos que observava e experimentava colocar em cena. Espero que, ao menos essa "garra" para o homem não esmorecer jamais, eu tenha conseguido transmitir.

E agora, do outro lado da vida, vida que a vida terrena me fez esquecer, para só agora relembrar, tenho que dar o testemunho de que perder nem sempre é uma derrota.

Tudo que tive na terra era um empréstimo concedido com a possibilidade da reencarnação. Os trabalhos, as conquistas, os cuidados materiais foram confiados a mim, para eu ser um fiel depositário desses bens, mas com a devolução do empréstimo em data marcada.

Como é bom compreender e ser compreendido! Há quantos anos encontro-me na vida espiritual, para só hoje vivenciar esse bálsamo de compreensão. Meu Deus, quantos melindres, impulsividades, grosserias, fugas da responsabilidade espiritual, para só depois eu compreender!

Estou crescendo espiritualmente, e esta é a minha esperança. Seria tolice cometer os mesmos erros outra vez. Agora, é preciso olhar para a luz do amor, do bem, das virtudes que estou conquistando, uma a uma, para então me iluminar e ser feliz.

A felicidade existe e é por isso que o homem a procura. Enquanto não merecê-la será uma utopia. Ela está numa dimensão da vida que por ora não posso alcançar, mas sei que existe. Espíritos felizes têm a doçura de descer suas irradiações espirituais e vir a ter conosco para nos instruir. Suas orientações são tão claras, sensatas, que muitas vezes envergonho-me. Olhando para trás vejo-me debatendo nesse mundo terreno, quando buscava ilusões a pretexto de ser feliz.

A vida terrena é feita de provas e expiações, conforme as orientações que recebo. Sofro e aprendo, é verdade, mas também posso ser alegre, fazendo todo o bem que puder, espalhando em torno de mim compreensão, palavras de conforto, de carinho, respondendo com alegria e otimismo a todos que me dirigem a palavra. Quando se imprime em cada dia toda a bondade do coração, com certeza podemos dar alguns sorrisos de felicidade.

Meditar também é preciso, orar e refletir. Fazer uma retrospectiva todos os dias, ver o bem que fiz e o que é preciso melhorar ajuda muito a começar o dia seguinte.

Por que deixei para refletir sobre a própria vida somente após o túmulo? Poderia meditar antes de dormir, ao acordar pela manhã, após ler um bom livro, após conversar com um amigo; também dar atenção a mim mesmo, aprender a gostar de mim, adquirindo a coragem de enfrentar os próprios defeitos e trabalhar em me modificar para melhor.

Posso também refletir um pouco envolvido no clima espiritual de um lugar de que gosto, e para mim, nos dois planos da vida, o teatro é o lugar que me faz rever o passado e sonhar com o futuro.

Eu sou uma atuação artística no espetáculo da vida! Ainda mesmo quando não reconhecido pelo meu empenho e desempenho, o que importa é dar o meu máximo, mesmo que isso não signifique coisa alguma para os outros.

Só Deus, o Criador, me conhece mais do que eu mesmo! Só Ele tem acesso a todos os meus dados, no grande e eterno museu de minhas vidas passadas. Ele registra meus esforços e até mesmo sabe de antemão o risco que corria de falhar.

Arte espiritual. Não é tarde, é o momento. Tudo isso faz parte de todo o meu desenvolvimento de progresso, porque a evolução do ser é uma lei divina.

No Solar das Artes

2

Passei a observar o exterior, percorrer a vasta construção que abrigava em uma de suas alas o teatro. Admirava a beleza de outros trabalhos artísticos, a escultura, a pintura, o estilo e o conforto do ambiente. Entretido, avistei distante um homenzinho que arrumava aqui e ali e achei natural alguém zelar pelo lugar. Continuei a deleitar-me com obras magníficas, cujas cópias podem ser vistas na terra, porém são pálidas ideias das obras originais.

Em dado momento fomos nos aproximando devagarzinho, eu ia conhecendo cada palmo do lugar, enquanto ele ajeitava tudo para ficar melhor.

— Está gostando do Solar das Artes? – ele se aproximou sorrindo.

— Sim, muito. É a primeira vez que venho aqui – respondi.

— Aqui é a integração do museu de arte, escola de arte, laboratório de ensaios artísticos e eventos de arte.

— Interessante, muito interessante.

— Em arte não pode haver concorrência, competitividade.

— Por quê?

— Deve ser feito simplesmente o máximo!

— É verdade!

— Quando a arte atende ao gosto habitual do público, não se eleva como arte. Ela deve estar sempre evoluindo, surpreendendo os corações que intimamente deixaram nas mãos do artista a tarefa de lhes mostrar algo além da costumeira visão do cotidiano.

— Nunca pensei assim!

— Você já visitou aquela ala?

— Não, ainda não.

Dirigimo-nos para lá em silêncio, até quando ele abriu uma porta que me conduzia ao salão de danças. No centro do salão estava o palco, e em fileiras elevadas as poltronas formavam um grande círculo.

Fiquei embevecido com o espetáculo de dança clássica, pelo surpreendente avanço na capacidade harmoniosa de conjugar a força e o equilíbrio do corpo espiritual na harmonia musical. Boquiaberto com a apresentação, não podia perder um só lance da coreografia.

Cada Espírito à medida que dançava reluzia uma cor clara, se o sentimento que interpretava era bom, e baixava sua intensidade, se o sentimento era negativo. E mais, nessa estupenda coreografia, a expressão do todo falava sem uma só palavra sobre nossa liberdade de escolha, que nas múltiplas opções encerra apenas dois caminhos, o do Bem ou o do Mal.

Como os dançarinos evoluem e como seria difícil materializar tudo isso na terra! Parece que ficamos tão envolvidos nas muitas artimanhas materiais que puxam o ser a viver tão terra-a-terra, sem incentivo para produzir o belo.

Retirei-me do local lentamente, pensativo. Quando cruzei a porta de saída, encontrei o sorriso daquele homem, que gentilmente me perguntou:

— O que achou?

Não tive palavras para responder. Meus olhos subitamente se encheram de lágrimas, e fiquei abanando a cabeça para arrefecer aquela emoção. Meu pensamento ia para o futuro do que eu queria, voltava para o passado infeliz e olhava o presente ali, parado diante dele, sem saber o que dizer.

Quando consegui balbuciar, falei:

— É lindo, é rico!

E, imediatamente, aquele homem me abraçou, mas me abraçou tão gostoso, que me compreendia e me fortalecia espiritualmente! Foi um abraço demorado, que eu não transmitia, só recebia e me dava vontade de ficar assim, prolongar o que me fazia tanto bem.

E quando nos desprendemos, mais calmo, olhei para ele agradecido. Não nos falamos, mas fomos apresentados um para o outro. Pareceu-me que já o conhecia há séculos, mas sem nenhuma lembrança viva. Um sentimento de confiança, de otimismo, de alegria invadiu-me o peito.

Com um olhar ele fez sinal para eu acompanhá-lo e o fiz naturalmente. Seus passos se apressaram e apressei os meus. Com um gesto, indicou-me para entrar em um salão. Entrei. Olhei imediatamente atrás de mim, mas ele saía sorrindo, fechando a porta de entrada.

Era um salão de música. Os músicos estavam colocados em seus lugares, murmuravam entre eles alguma coisa, até que a maestrina entrou.

A orquestra apresentou primeiramente majestosa pompa musical de abertura. Em seguida, outras peças musicais de sereno fundo musical. Eu ouvia também, em trechos, as músicas escolhidas para as danças, que pude apreciar no salão anterior.

Em alguns momentos ficavam todos, mas todos mesmo, em silêncio. Quando reiniciavam a tocar, faziam-no baixinho, até que a música plenamente enchesse o ambiente. E para minha surpresa e alegria descobri de onde vinha aquela luz multicolorida que envolvia a orquestra. Era luz e cor das notas musicais.

Quando um músico fazia um solo, erguia-se e ficava de pé. A música saía do instrumento e irradiava pelo ambiente em ondulações como um arco-íris dançante. A luz era mais intensa próxima do instrumento e do músico. À medida que tocava, ele sumia dentro daquela luz que entoava e enternecia o ouvinte espectador.

Aquele sentimento de valorização da criatura tomou posse de mim! Cada ser é um único exemplar criado por Deus! Ele deve ser respeitado, compreendido, amado, para conseguir produzir todo o seu potencial latente, que pode desabrochar para embelezar a própria vida.

Ao final, comecei a conjugar mentalmente aquela grandiosa apresentação musical com a belíssima dança clássica, formando um espetáculo celeste nunca visto na terra.

Estava com meus pensamentos, quando o amigo veio ao meu encontro, o salão já vazio e eu ainda lá, pensativo.

Comecei a expor o que me veio à mente e ele sorria, sorria sem dizer nada, ouvia-me acenando afirmativamente, compreendendo facilmente o que eu queria exprimir, sem, no entanto, ficar claro em minha cabeça como isso seria possível de se conseguir.

Ele pediu-me para retornar outro dia. Com prazer eu disse que estaria presente. E ele acrescentou:

— Hoje você pôde ver alguns ensaios. No próximo encontro você terá o prazer de ver a apresentação ao público.

— Isso é um ensaio?

— Sim.

— O salão estava repleto de gente - observei admirado.

— Estão presentes Espíritos que, como você, visitam esta colônia e vieram conhecer o Solar das Artes. Outros, a maioria, são Espíritos encarnados ainda, que durante o sono são atraídos pelos seus mentores para assistirem a um ensaio e registrar no psiquismo algo que poderão aproveitar a título de inspiração artística.

— Que bênção! E eles aproveitam essa oportunidade divina?

— Pouco, muito pouco.

— Se eu um dia tive, quando encarnado, oportunidade semelhante a respeito do teatro, será que a coloquei em prática?

— A ideia, ou inspiração, depende da interpretação que você lhe dá e ainda esta sofre as interferências terrenas materiais e morais que empobrecem a ideia.

— As luzes! Não há na terra a possibilidade de expressar essa iluminação do próprio Espírito, principalmente quando ele se entrega a um sentimento e passa a apresentar as cores do sentimento - observei buscando a causa.

— Não é só isso. O tema é importante. E o conteúdo não pode estar apartado de outros recursos que as artes nos propõem. O que seria da dança sem a música? E como fica o teatro sem a dança e a música?

— Ficaria seco, com vibrações de baixa frequência, não?

— O homem expressa, com dificuldade, pela palavra, o que está pensando. A música e a dança podem expressar o pensamento.

— Nunca pensei nisso.

— O teatro mostra o homem, a música e a dança mostram o Espírito.

— O ator não somente fala! Ele expressa por meio do gesto, da emoção na voz, do movimento corporal! - argumentei.

— O teatro representa o Espírito atado ao corpo, enquanto há outros recursos para exprimir os sentimentos do Espírito liberto.

— Só assistindo para eu ter uma ideia. Em qual dos dois salões será a apresentação?

— Será no Salão Principal, onde esses trabalhos se comungam uns com os outros e oferecem o que há de melhor no momento para nós.

— E o público interessado é grande?

— São os interessados que mais nos importa.

— Ah, claro!

— Alguma pergunta?

— Sim, amigo. Qual é o seu nome?

— Pode chamar-me de Olavo – ele respondeu sorrindo.

— Prefiro que você me chame de George – sorri feliz, com a ideia de usar o meu primeiro nome, que não era muito conhecido e usado.

O Espetáculo

3

Quantos anos se passaram, de esclarecimentos e confortos espirituais que recebi, desde que aqui cheguei. Agora, eu não poderia deixar de reciprocamente contribuir e oferecer aos outros um pouco do muito que recebi de todos.

Depois de realizar as tarefas em que eu estava comprometido, na equipe de assistência espiritual aos desencarnados recém-chegados, pude sair e dirigir-me à colônia vizinha. Recentemente me foi permitido visitá-la para pesquisa e aprendizado, de acordo com minhas aspirações, tendências e gostos.

Naquela colônia, visitar o Solar das Artes era o que de melhor me poderia ser oferecido como incentivo, para talvez eu conquistar uma bolsa de estudos.

Só agora me vejo um outro homem. Não tenho mais o personalismo eivado de orgulho, em que eu, como um cego, que não queria ver, não me dispunha a aprender mais, achando que o que já sabia me bastava.

O homem deve ter constante interesse na renovação de seus conhecimentos, explorar o desconhecido, sempre descobrir algo mais e melhor dentro do que gosta. Ele pode despertar para outros gostos talvez correlatos aos atuais interesses, até outras aptidões decorrentes, mas é preciso ter abertura para sentimentos novos e acomodá-los em seu psiquismo.

Chegou o dia do espetáculo público.

Na entrada, dialoguei brevemente com algumas pessoas que eram Espíritos desencarnados, de há muito tempo, assim como eu, e que só agora receberam convite para a apresentação. Outros já estiveram presentes mais vezes e não perderiam tal possibilidade.

Quando encontrei Olavo, abraçamo-nos fraternalmente e senti-me muito feliz. Compreendi que ele estava ocupado e o liberei para atender os outros.

Logo, todos estavam acomodados silenciosamente. Comecei a distinguir os encarnados dos desencarnados e observei que a presença dos primeiros era mínima. Intrigado, reservei essa questão para depois perguntar a Olavo quando fosse possível.

O salão principal é difícil de se descrever e sou péssimo em descrição. É preciso o encarnado sonhar em suas noites de sono produtivo, para conseguir ver a beleza que o Espírito evangelizado é capaz de construir no espaço, certamente ainda auxiliado por Espíritos de alta estirpe no campo do bem e do belo.

Quando o homem cansado se recolhe ao leito para revigorar o corpo, o Espírito ali embutido durante encarnação pode temporariamente sair para um passeio, assim como o presidiário que tem permissão para ir ao pátio tomar um pouco de sol.

Somente o corpo precisa dormir, isto é, reduzir sua atividade orgânica e refazer a atividade das células que se desgastaram durante o dia.

O Espírito não se refaz no corpo. Quando se liberta do corpo alguns centímetros, já sente um alívio indescritível, pois ao mesmo tempo conecta-se mentalmente com sua verdadeira vida, de onde veio e para onde irá um dia voltar.

O Espírito desprendido pode ficar ao lado do corpo aguardando o momento de voltar à cela carnal, para as atividades que possa empreender na superfície terrena. Todavia, conforme o preparo espiritual de cada um, essa saída do corpo pode ser produtiva. O Espírito que se liga mentalmente com o seu mentor espiritual pode ter mais facilidade de empreender verdadeira viagem fora do corpo.

Ignoramos o poder que temos quando realmente queremos algo. Muito mais fortalecida é a nossa vontade quando conhecemos por que o queremos.

Toda vez que nos colocamos em prece de agradecimento por tudo que o Criador nos oferece, que nos dispomos humildemente a aprender e não estamos prejudicando ninguém, não nos faltará ajuda na realização de nossa aspiração espiritual.

Posso lhes contar alguma coisa, porque deslumbrado certamente não consegui observar tudo. No teto do grande teatro havia ampla abertura por onde se via a abóbada celeste, uma luz natural de um crepúsculo magnífico. E não sabendo como isso acontece, parecia que a própria luz divina veio cuidar da iluminação teatral. Raios de luz focavam os atores em cena, de tons e brilho que faziam pulsar ainda mais o meu coração, e as lágrimas vieram aos meus olhos contemplativos de tanta beleza.

O diálogo para mim sempre foi a alma do teatro. Vejo agora como a arte de falar e não falar é significativa. Como falamos tanto, mesmo sem ter alguém para dialogar. Falamos mentalmente a todo instante e até ficamos cansados de falar para nós mesmos. Ninguém sabe como falamos interiormente e quais os pensamentos e sentimentos que estão dentro de nós.

O teatro pode apresentar essa vida interior do Espírito encarnado. No drama apresentado, os personagens sofrem para discernir entre o que lhes parece certo ou errado, sofrem para se desvencilhar de hábitos mentais milenares, sofrem pelo que são e pelo que gostariam de ser. Sofrem, ainda, para definir o que não querem mais para a sua vida.

É esse mundo interior que deve ser apresentado para o público, para nos sentirmos iguais. Cada um faz seu cenário próprio, o seu roteiro de vida, mas todos somos centelhas divinas em crescimento, que aprendemos muito com as próprias experiências e com os exemplos dos outros.

Eu não estava delirando quando tive pálida ideia de ver toda aquela apresentação musical no ensaio atuando com a dança. Entretanto nem sequer supus que aqueles momentos de silêncio, em que os músicos paravam de tocar, seriam intercalados com a fala dos atores.

O silêncio nunca me pareceu tão propício para estimular a atenção de todos nós. O diálogo longe estava de expressar o verdadeiro sentimento de cada um. A palavra é uma reação do personagem vivenciando seu mundo interior.

Naqueles momentos em que o ator ou a atriz silencia para uma reflexão, quando a cena é toda sua, sem palavras, só expressão, é nesse ponto que a música sutilmente começa e o balé apresenta o que lhe povoa a casa mental, a alma.

Eu nunca havia pensado nisso!

Uma criatura pode falar reagindo com indiferença para não expor sua ferida íntima. Pode ser prestativa porque se sente rejeitada. Pode queixar-se de uma dor física porque foi contrariada. Pode ser impulsiva por medo. A boca pode consentir algo, mas a alma, não.

Muitas vezes, o homem não sabe qual o sentimento que o leva a reagir de maneira inusitada.

O homem reage muito mais do que decididamente age. Ele reage ao sentimento interior que quase sempre desconhece. E sua reação pode tornar-se uma ação que vai influenciar nos sentimentos alheios e provocar nos outros uma reação, estabelecendo-se aí sua responsabilidade.

As reações dos outros são ações, e diante de cada ação todo homem tem um sentimento. Exposto diante de tantas ações ele reage e se debate, desconhecendo o seu próprio íntimo e o íntimo sentimento das criaturas.

Na Espiritualidade, é diferente. Você traz marcado em sua aura as cores de suas venturas e desditas. Os pontos obscuros que precisam ser trabalhados. Não há possibilidade de disfarces.

Já na vida terrena, ganhamos um traje carnal completo que possibilita a cada um aparentar o que não é, esconder até mesmo de si próprio o que sente, sem expor o que pensa.

E quando fechamos a cortina do grande teatro terreno, choramos no camarim do túmulo sem coragem de enfrentar a vida espiritual e eterna lá fora.

Uma apresentação artística pode expandir a consciência do espectador para que, apesar do vestuário carnal, do meio social em que foi temporariamente colocado por Deus, ele possa sair do torpor que o envolve, conhecer a si mesmo e trabalhar para sua própria evolução.

O roteiro falava de um drama familiar na vida terrena, em que os envolvidos reagiam de maneira peculiar a cada um. Essa reação individual repercutia no coração um do outro provocando outras reações. Ao mesmo tempo o roteiro nos revelava o íntimo de cada um, de maneira a amarmos a todos os personagens depois de conhecê-los melhor. E ficávamos desejosos de que todos fossem compreendidos e amados.

Foi ainda com extrema compaixão que presenciamos a influência dos Espíritos encarnados que, despreparados, atraem Espíritos desencarnados também despreparados. É o poder magnético do pensamento e do sentimento na capacidade de atrair irmãos com o mesmo teor vibratório. E porque ambos são entidades de dimensões distintas, logicamente é invisível a interferência na vida um do outro.

Por outro lado vemos também que a criatura encarnada pode atrair, com a força do pensamento e da vontade, a assistência espiritual séria e esclarecida. Irmãos benfeitores podem inspirar um convite amoroso ao bem, porém deixando o encarnado livre para escolher o que quer e, sobretudo, arcar com as consequências de suas escolhas.

Enquanto Espíritos desencarnados, despreparados, atraídos por afinidade de ideias e sentimentos, interferem muitíssimo no livre-arbítrio ou na capacidade de decisão do homem, já irmãos mais elevados espiritualmente, nossos mentores e amigos espirituais, jamais interferem.

Tais Espíritos mais elevados colocam em nossa consciência um esboço das consequências advindas dessa ou daquela escolha, e apresentam outras opções como ideias para serem escolhidas, deixando-nos livres para eleger o que melhor nos apraz.

O livre-arbítrio, essa liberdade de escolha que nos é dada por Deus, é um direito adquirido por nós, para ser exercido no conhecimento do verdadeiro bem. Sem o homem discernir o bem, impossível dar ao seu livre-arbítrio o devido valor. A ausência do bem é causa de sofrimentos não só na vida terrena, mas também na dimensão do Espírito.

Se o homem disciplinar os pensamentos e exercitar frequentemente os sentimentos no bem, poderá desvencilhar-se das muitas perturbações espirituais que, sem essa vigilância, costumeiramente vem atraindo.

Há má interpretação geral de que Espíritos andam atrás de encarnados! É verdade que o Espírito que sofreu e ainda sofre como vítima da perversidade do encarnado, por ainda não conseguir perdoar o agressor investe em querer vingar-se, e neste caso o desencarnado é quem procura o encarnado.

Em geral os Espíritos, na dimensão espiritual que lhes é própria, sofrem com o magnetismo terreno que os puxa para a superfície do planeta, de onde eles não mais fazem parte. E esse magnetismo consiste na vibração coletiva da humanidade, não lhes permitindo a inteira liberdade de usufruir os bens espirituais aos quais são também convidados. É preciso que o Espírito se desprenda da vida terrena, como quem deixa um filho chorando em casa porque vai trabalhar fora, e quando tiver cumprido seu dever volta para o aconchego afetivo.

Essa discordância humana sobre a sabedoria divina tem sua causa ainda na ignorância do homem sobre as coisas espirituais. O seu mais íntimo pensamento, sensação ou sentimento vai sempre atrair a companhia espiritual de tantos Espíritos quantos têm afinidade com suas ideias infelizes, e ficam presos na mesma vibração como em teias de aranha, que sutilmente envolvem e dificultam a caminhada. Você mesmo coloca o tropeço na sua caminhada e infelicita aqueles desencarnados cujo tropeço é você.

Quando o homem busca ajuda, ele acha Deus. E essa ajuda é em favor de ambos, ou seja, também do desencarnado que o acompanha.

Crescendo espiritualmente, o homem exercita os pensamentos de confiança em Deus, de esperança em dias melhores, de aprendizado no bem, e, por tabela, estará fazendo a caridade de encaminhar seus acompanhantes espirituais. Um ou mais desencarnados *encostados* passam a vê-lo como portador do auxílio de que precisavam para ver a luz que há de guiá-los na verdadeira vida. Por conseguinte, o encarnado se liberta dos desencarnados, que partiram em busca de suas realizações. É um exorcismo natural: pelo amor a si mesmo e ao próximo, sem necessidade de prepotência religiosa na expulsão dos "demônios" que nada mais são que nossos irmãos, filhos do mesmo pai Criador.

Voltando a falar da peça. O palco dividia-se em quatro, um deles destinado às apresentações referentes a uma vida passada do personagem. Os palcos se ligavam uns aos outros por degraus ou passarelas. Ora a apresentação se dava em um só dos palcos, ora em dois e até três ao mesmo tempo, para expressar confusão mental, cabeça cheia de pensamentos com sentimentos até mesmo contraditórios.

Fotografia era outro recurso utilizado: enquanto os personagens dialogavam, por exemplo, ou contavam um caso, lá no alto a apresentação de fotos descrevia seus pensamentos. A fotografia revelava quando havia uma incongruência no que o personagem falava, denunciando para o público quem fazia uso da mentira.

Os cenários, o pano de fundo, na verdade eram também projeções de fotografias maiores, como a mobília, um jardim, um local da cidade ou de outro país. Cada cenário era apresentado antes da entrada dos atores; depois a atenção era totalmente voltada para os personagens contracenando, e o cenário de fundo ia se apagando lentamente. Depois, uma ou mais pinturas iam sendo projetadas no cenário, expressando as formas de pensamento e as vibrações espirituais do ambiente.

Estupefato, deslumbrado, porque não dizer feliz, eu às vezes suspirava baixinho, entre lágrimas:

— Obrigado, meu Deus!

Abertura para novos Relacionamentos

4

— Oi, George!

— Olavo, que maravilha!

— Sabia que você iria gostar.

— Foi uma grandiosa montagem, que envolve um pequeno e bom elenco teatral, mas também uma magnífica orquestra e expressivo corpo de dança com estilos diferentes. Jamais pensei em colocar a pintura e a fotografia de forma tão expressiva no palco. Expressão de outras artes, ora de maneira subliminar, ora no momento oportuno para identificação de um lugar ou de uma época... – eu falava com entusiasmo.

— Na terra, na falta de uma orquestra, vale um CD de músicas, não? – Olavo disse sorrindo.

— Eu já pensei nisso. Assim como na falta do corpo de balé ao vivo, a filmagem desse trabalho seria um investimento menor. Embora fosse trabalhoso encontrar a dança certa para expressar o que povoa o mundo interior de cada personagem.

— E um narrador oculto cobre as informações de que o público precisa para situar onde, quando e mais alguma coisa sobre o que irá rolar em cena... - acrescentou ainda Olavo num tom estranho.

— É, é isso... - afirmei com súbita tristeza.

— O homem por comodismo, por orgulho, não amplia sua consciência para relacionamentos novos. Seria possível somente uma pessoa pretender materializar um espetáculo semelhante a esse que você acaba de apreciar, não levando em conta ninguém mais?

— Pelo número de encarnados presentes para assistir à apresentação, acho que seria raro, para não dizer impossível alguém realizar algo semelhante na matéria - respondi logo.

— Não há muitos encarnados preparados para esse evento de hoje - expressou Olavo. — Ao despertar teriam vaga impressão de algo magnífico, mas impossível de até mesmo se cogitar a ideia de colocá-lo em prática.

— Mas como? Se eu encarnado lembrasse algo, poderia ao menos modificar para melhor o que estaria fazendo! - argumentei surpreso.

— O deslumbramento paralisa a criatura. É melhor conhecer um pouco mais do que já se conhece. Lembra que nos ensaios específicos há presença maciça de encarnados?

— Entendo, hoje o homem misturaria tudo na cabeça, e tudo acabaria não servindo para nada! - exclamei compreensivo.

— É preferível o aprimoramento no que já faz, preparando-se para novos relacionamentos que poderão trazer ideias novas.

— Às vezes - pensei em voz alta - um escritor pode achar que não tem afinidade com um fotógrafo, o ator que não sabe dançar acha que não pode trabalhar com quem dança, o pintor pensa que nada pode acrescentar ao teatro e por aí vai esse desencontro de artistas.

— Agora você está compreendendo que é preciso o homem ter mais abertura para relacionamentos novos.

— Essa abertura fica difícil quando o homem não se espiritualiza ao menos um pouco, isola-se no seu trabalho cheio de orgulho pelo que faz, e fica fechado, nutrindo inconsciente preconceito pelos artistas de outras áreas – falo por experiência própria.

— O encontro das chamadas artes é a verdadeira arte. Uma apresentação desgarrada da verdadeira arte é pobre, comum e fica na horizontalidade do cotidiano. A arte é a comunhão criativa que se eleva e eleva o público verticalmente para o bem e para o belo, que devem estar sempre juntos.

— Teatro e cinema são diferentes apresentações da mesma arte de representar. Já houve filmes musicais de sucesso, mas hoje a mercadologia acha que não é isso mais que o público quer assistir - observei.

— O espectador quer ver algo que condiz com sua realidade. A montagem artisticamente rica, cujo tema não condiz com a realidade da vida do homem, está fadada a ficar no passado como lembrança agradável, mas que não diz nada.

— Por que hoje se apresentam encontros e desencontros de casais, traição, mentira, tristeza, sofrimento?

— Porque é a realidade!

— No entanto o homem vê a periferia da realidade! - desabafei.

— Quando a arte terrena expressar a realidade do homem como ser integral, trará à tona uma gama de interesses que haverá de surpreender qualquer pesquisa de mercado.

— Mas na superfície terrena a arte fica somente no que o homem não quer, onde o medo impera como pano de fundo – eu disse cansado.

— Um pano de fundo coletivo com pensamentos que atraem ondas mentais semelhantes, negativas, que pioram o seu estado espiritual.

— A arte precisa fazer o bem e o belo, como você diz, Olavo. Ela pode oferecer ao homem serenidade, esperança, otimismo, dulcificar o coração, equilibrar as emoções, fortalecer o Espírito!

— É preciso incentivar a mente criativa a tomar outro rumo. A arte espiritual não despreza a experiência que o homem adquiriu até hoje na arte de expressão. A arte espiritual é um enfoque novo e urgente para a emancipação do homem.

— Parece-me desprezível o que se tem feito atualmente, principalmente na minha área, o teatro! – exclamei tristonho.

— Já estamos no terceiro milênio, meu querido! Tudo deve se transformar para melhor! Agora, tudo que não for renovado e refeito vai cair em desuso. Estamos recepcionando no teatro da Espiritualidade o mesmo público que brevemente saberá escolher o que espera da Arte.

— Acho que começo a entender. Não via vantagem alguma em o homem fora do corpo adquirir noção artística e ao despertar no dia seguinte não se lembrar de nada!

— O homem, quanto mais se espiritualiza, mais seleciona o que quer e se desvencilha do que não quer – afirmou Olavo, com razão.

— Recentemente, soube de uma senhora que liga a televisão somente uma vez por semana, para assistir a um determinado programa que ela considera bom.

— Ela é um Espírito seletivo, ativo no bem para si mesma e certamente sofre menor incidência de perturbação mental.

— Acho que ela é um caso excepcional. Lembro-me que, quando a televisão surgiu nos lares, era uma tremenda falta de educação receber uma visita na sala e manter a televisão ligada. Hoje em dia, o máximo que se faz é diminuir o volume.

— O que prova – caro George – como o poder de persuasão pode envolver o homem que não zela pelo seu livre-arbítrio. Ele é movido a continuar com a televisão ligada não porque quer, mas sim porque não sabe o que quer, essa é a verdade.

— Não seria porque ele não quer perder a notícia, a novela, o humor etc.?

— O homem não quer perder nada! Por isso, escolher fica difícil. E nessa ânsia de preencher um vazio, vazio espiritual, diga-se de passagem, ele submete-se a ver, ouvir e povoar sua mente com tudo, mesmo com o que não lhe interessa, até à exaustão.

— E isso parece prejudicial! - exclamei intrigado.

— E é. Além disso, é difícil conduzir na dimensão espiritual uma criatura tão imantada terra-a-terra. As lembranças saudáveis, obtidas na experiência fora do corpo, vão se misturar ao amontoado de imagens e falas que saturam sua casa mental.

— O que dificulta o discernimento! - exclamei

— E prejudica seu progresso! - concluiu.

— Não pensei que fosse tão grave! Você tem razão, e isso parece uma alienação tecnológica - observei pensativo.

— A tecnologia é manipulada pelo homem! - lembrou Olavo.

— Então, isso é uma obsessão. A obsessão, conforme estou aprendendo, é quando o homem recebe a interferência de um ou mais Espíritos desencarnados ou até mesmo de encarnados, que dificultam sua evolução espiritual.

— Porém, nesse caso, isso é também um processo de auto-obsessão.

— O que seria então uma auto-obsessão?

— É quando o próprio homem promove essa interferência, sem necessidade de algum Espírito obsessor ocupar-se dele - Olavo esclareceu pausadamente.

— Enquanto o homem se ocupa com o que não lhe é útil, fica do jeito que o diabo gosta, seria isso?

— George, George - falava o amigo, rindo.

— Eu sei que o diabo não existe. Devemos entender que, popularmente, um obsessor ganha muitos apelidos que expressam uma criatura que ainda não gosta da gente.

— Um obsessor não gosta nem de si mesmo! - interveio Olavo.

— Porém, a criatura obsessora não atingir a capacidade de amar a si mesma e ao próximo não significa que ela não seja inteligente! - eu queria discutir o caso.

— Nossa evolução se processa no campo da inteligência e do sentimento. A nobreza de sentimentos é conquista mais difícil do que a da inteligência - asseverou Olavo.

— Usar a própria capacidade para o mal, agora não me parece algo inteligente. Inteligência sem bons sentimentos, nessa altura da minha vida, não está valendo nada! - afirmei tristonho.

— A criatura pode ter lampejos de como se processa o bem e inicialmente usar a inteligência para atingir esse fim, todavia no meio do processo pode ceder ao mal que já conhece, com dificuldade de exercitar o bem que gostaria de fazer, mas ainda não sabe como praticar, você entende?

— Confesso que não entendi ainda - afirmei humildemente.

— Uma pessoa pode desejar ser um homem de bem, otimista e alegre. Pode com dificuldade imitar os exemplos que recebe como roteiro. No meio desse processo de transformação ela se depara com o mal. Sem saber ainda olhar o mal como um bem para a sua vida, desiste de progredir.

— É preciso fugir de todas as manifestações de negatividade! - pensei alto.

— O pensamento positivo é poderoso, mas o negativismo milenar que o homem nutre dificulta até ele mesmo se conscientizar de sua capacidade. Não há um pensamento infeliz que sobreviva na mente e no coração do homem que sabe conduzir os seus pensamentos, dando atenção ao bem que almeja.

— Ah! Então não é fugir das negatividades e sim imprimir corajosamente o positivismo no pensamento para abranger todas as relações!

— É aí que entra o processo seletivo, não fugindo do que não quer, mas escolhendo o que quer.

— Então, quando a televisão colocar só programação edificante, haverá um natural processo de desobsessão coletiva! - exclamei rindo da conclusão a que cheguei.

— Claro, o que seria uma excelente ideia! - arrematou, sorrindo, Olavo.

O Bem e o Belo

5

Com a força do pensamento e da vontade o Espírito constrói, manipulando o que poderíamos chamar de semimatéria. Ela é mais translúcida, fina, sutil, mas ainda é matéria, visível somente para o Espírito e invisível para os encarnados na Terra.

Da maneira como nos sentimos na superfície terrena manipulando tintas e pincéis, aqui não é diferente e às vezes o Espírito se pergunta, como quem está em meio a um sonho: estou encarnado ou desencarnado?

A diferença entre as dimensões em que o Espírito pode viver está na certeza de que a verdadeira vida é esta: a do Espírito liberto das mazelas terrenas.

Na Espiritualidade, estou onde está meu coração, e a vontade é a força propulsora da locomoção em direção aos meus interesses. Eu poderia estar agora num ateliê de pintura, se realmente quisesse ali estar, e nada me faria estar ali se não o quisesse.

Observando a capacidade de pintar de um encarnado ou um desencarnado, obtive esclarecimentos de que todo pintor é um copista, ou seja, de algum lugar ele copia a paisagem, a cena, os traços, as cores. Cabe a ele retratar bem ou mal o que de fato observa e fotografa em sua tela mental.

Pintar é primeiramente uma questão de visão espiritual; logo, é um domínio técnico para conseguir retratar o que se vê. Além disso, há a possibilidade de o pintor ter na sua tela mental um quadro que de fato não entende; então ele passa a compor o que gostaria de retratar, substituindo algumas partes, de acordo com seu gosto e entendimento.

Posso dizer que o pintor que desencarna, depois de ter estudado e exercitado a pintura com o desejo sincero de evoluir sua capacidade de expressão, encontra nessa semimatéria muita ajuda para seu aprimoramento na arte de ver.

Encontram-se aqui magníficos trabalhos de artistas que amam o que fazem e embelezam muitos lugares onde agora tenho a felicidade de visitar.

Alguns deles já encarnaram na vida terrena, deixando um acervo; hoje consideram não terem feito o seu melhor naquele tempo, pois evoluíram, de maneira a olhar os trabalhos antigos como recordações de infância.

Conversando com alguns deles, todos admitem que as dificuldades do encarnado ainda são muitas, tanto na maneira de ver, de expressar, como em relação aos recursos, que não propiciam cores e luzes ideais para retratar. A própria apresentação do trabalho, que fica preso numa tela, sem que haja abertura psíquica do artista para o novo, é outra dificuldade.

A pintura pode sair das telas para as paredes, portas, teto, muro, o prédio todo, pontes, jardins, o chão. Em cada ambiente a pintura pode trazer o clima das atividades ali empreendidas, incentivar os ânimos daqueles que ali se reúnem, dirigir os pensamentos para o objetivo, focar o ideal e plasmar a plenitude do processo a ser alcançado.

O pintor, quando encarnado, parece estar cabisbaixo, olhando somente para um ponto.

Com uma visão tão restrita, ele busca a razão de viver, a beleza da natureza; porém são quadros pálidos que mostram migalhas do que ele um dia poderá realizar.

Posso até mesmo afirmar que cada criatura vê tudo sob uma lente espiritual pessoal única, que não se iguala a outra.

Para se ter uma ideia sobre essa visão e o domínio da técnica de retratar o que está na tela mental do pintor, podemos observar duas pessoas pintando separadamente a mesma paisagem, buscando as mesmas cores na fidelidade de sua cópia mental, mas ambas apresentarem trabalhos diferentes. Para uma, a cor é mais escura, os traços mais fortes, a profundidade mais próxima. Enquanto que a outra pessoa pode apresentar cores mais claras simbolizando mais leveza, as nuanças de cores fazem o traçado delicado, a profundidade conduz o olhar ao infinito.

Pintar é materializar o pensamento. Mentalmente pintamos todos os dias, e muitas vezes vemos materializar-se o que mentalizamos. É uma questão de perspectiva mental.

Por falar em perspectiva, o pintor precisa sempre ter uma noção de perspectiva e sabe a importância dela na materialização do seu trabalho. Sem perspectiva não se consegue, ao menos nas dimensões que conhecemos, retratar claramente uma ideia. E é nesse ponto que o desenho e a pintura, intimamente ligados, precisam evoluir.

O desenho, a forma, é uma abstração óptica, mas pode exprimir uma realidade psíquica. E essa realidade impalpável só o desenho pode retratar. A pintura, as cores, expressam movimento e sentimento da forma exposta.

O homem teme iludir-se, porque em suas experiências terrenas a porta da ilusão é muito larga, enquanto a porta da realidade da vida é estreita. O medo de entregar-se à abstração deixa-o bloqueado, pois ele precisa da ilusão do desenho e das tintas para exteriorizar sua realidade interior.

Neste terceiro milênio, o estilo acentuado é o realismo espiritual. A pintura não figurativa, com o uso de cores com formas indefinidas parece outro estilo, porém não é. Trata-se do mesmo realismo, agora interior. A criatura procura retratar a atmosfera espiritual que a circunda ou que ela mesma impregna no ambiente com as vibrações dos seus sentimentos.

Nada melhor do que as cores para expor sentimentos. Pelo gosto e envolvimento da criatura por uma ou mais cores, e pela forte influência das cores em nossa vida, podemos fazer um estudo dos sentimentos, das emoções, das sensações e do psiquismo.

A dificuldade de discernimento sobre o que estou falando é que estou falando de arte com *A* maiúsculo e não da colocação de tintas sobre a tela em busca de tons que combinem com o sofá ou o tapete da sala.

Não é arte o interesse material de reprodução de uma mesma pintura em série, nada tendo a ver com composição mental, expressão de sentimentos, criatividade exclusiva e até então inédita aos olhos do povo. Essa massificação em série de mesma produção demonstra o tamanho da ignorância humana sobre arte.

O pintor nunca deveria repetir um mesmo trabalho, para não corromper sua criatividade. Ele pode compor nova expressão aproveitando partes e trazendo outras, ou simplesmente mudando nuanças de cores para seu próprio aprimoramento, assim como o escritor, a partir de uma frase pode trazer interpretações diferentes e cada vez melhores, quanto mais analisa.

A repetição engessa, endurece a flexibilidade do artista, restringe ou chega até mesmo a interromper a sintonia com a espiritualidade pelo canal da intuição, da inspiração ou das lembranças a que o pintor teria acesso.

A arte não é meio de vida, é ideal que transcende as necessidades da vida. É expor o que você tem de melhor para os olhos do próximo, numa doação recíproca à vida, pelo que a vida mesma lhe dá.

Bastam algumas horas para o aprendizado no domínio de técnicas, assim como o trabalho de algumas horas para o pintor realizar algo bom e bonito para seu crescimento espiritual, abrangendo o do próximo.

A pintura não é ainda para todas as pessoas, porque requer disponibilidade espiritual, perseverança, confiança e humildade para recepcionar ideias e sentimentos, cores e formas, em verdadeira ligação com o Alto.

Pintar não é barganhar trocas materiais, mas crescer em sensibilidade do ser que vivencia ao mesmo tempo, além da experiência terrena, uma experiência espiritual que o liga à sua vida de origem, que potencializa suas capacidades, que relembra, mesmo vagamente, quem ele é e o que verdadeiramente tem.

Não é porque a criatura faz um curso de arte que se torna um artista. Quantos tomam conhecimento sobre arte, porém não estão com maturidade para isso ainda. Não se pode querer reverter despesas de faculdade num mercado de artesanato em nome da arte.

Não é porque a criatura seja capaz de deleitar-se no seio da arte que vá viver às suas custas. Um trabalho social, comercial, intelectual ou industrial é possibilidade de contribuir para a própria sobrevivência saudável, num sistema de trocas humanas nesse planeta.

Uma ocupação útil na sua comunidade, a execução de uma especialidade profissional viabiliza o mérito dinâmico e espontâneo para maior sintonia espiritual. A criatura bem ocupada pode aproveitar melhor o tempinho dedicado à Arte, do que aquela que fica o dia inteiro fora do ritmo da vida, a pretexto de materializar uma inspiração artística para o seu bolso.

Os semelhantes se atraem, essa é a verdade. Assim como a ignorância humana coloca alguns trocados no bolso do pretenso artista, os verdadeiros artistas podem se unir quando houver verdadeiro respeito pelos sentimentos e realizações um do outro.

A pintura pode retratar o clima espiritual, que a visão humana não alcança e que alguns sensitivos conseguem perceber.

Por exemplo, um lar limpo e bem decorado, com familiares aparentemente tranquilos, pode ter no ambiente vibração de ondas magnéticas reveladoras dos sentimentos e ideias egoísticas que sujam o ambiente espiritual e apresentam ao mesmo tempo visão espiritual desagradável. Formas-pensamentos se avultam ou se dissipam conforme vibram os pensamentos dos familiares.

É a pintura que pode realizar o que a fotografia não tem condições de fazer, porque o pensamento infeliz elabora formas grotescas, compondo quadros muito mais tristes do que encontramos na matéria, assim como pensamentos felizes fluem formas belíssimas de enlevo não facilmente encontrável na paisagem terrena.

À medida que o homem imprime pensamentos positivos de bem querer, de união e colaboração de uns com os outros numa finalidade promissora ao progresso de todos, o ambiente vai sendo higienizado, desintegram-se as vibrações deletérias, sendo substituídas por outras formas-pensamentos suaves, coloridas e alegres. Quanto mais o bem é exercitado na casa mental individual do grupo, mais o ambiente se impregna desse teor vibratório materializando uma verdadeira tranquilidade familiar.

É a pintura que pode registrar esses quadros de vibração ambiental, ricos em detalhes de forma e de cor. Vibração é movimento, porque o pensamento não para, logo são quadros e mais quadros que a percepção humana pode registrar.

Pensei que a máquina fotográfica viera no século passado acabar com a arte de pintar uma paisagem, uma cena do cotidiano, registrando, enfim, tudo à nossa volta com mais rapidez. Contudo, a pintura estava sendo convocada a dirigir-se ao mundo interior do homem para expressar seus sentimentos, que ele até hoje não teve maturidade para expor, discutir, higienizar, libertando-se espiritualmente de seu eu inferior.

O movimento de pintura artística chocou-se com a expressão do *Inferno de Dante*, que propunha ao homem interiorizar-se, mas até hoje este prefere ficar na periferia da alma, na exterioridade de seus ideais, condenando à morte, sem utilidade e sem objetivos, a habilidade de pintar.

Como o teatro e a pintura poderiam revolucionar as ideias ainda pacatas, que não cogitam da existência do homem além da carne!

Está ao alcance de nossas mãos, cabeças e corações, a possibilidade de revelar que pensamento e sentimento também são ações e que influem na própria vida, assim como na vida dos outros.

A técnica mais autêntica de formas e cores está nos desenhos animados. Excelente oportunidade de manifestar os seus sentimentos por meio de personagens não humanos.

O ser humano ainda está expressando pelo desenho animado a luta entre o bem e o mal. Nessa batalha, o mal apresenta constantes exemplos de estratégia inteligente em sua perversidade, enquanto o bem fica somente em posição defensiva até sair "vitorioso".

No desenho animado o homem não ousa ensaiar a estratégia do bem, cuja autoridade moral poderia constranger o mal, converter o mal em bem e até aproveitar uma ação do mal para uma reação do bem. Há uma falta, uma lacuna imensa com a ausência de exemplos do Bem.

O mal pode querer lutar contra o bem, porém este pode desarmar o pretenso inimigo, não por imposição de outras armas mais poderosas, mas pela força do amor, pelo bem também em favor ao autor do mal e seus comparsas, porque todos são de fato da mesma espécie, da mesma vida, do mesmo Criador, portanto irmãos!

O mal é a ausência do bem, porque este ainda não é compreendido. As lutas não deveriam ser para eliminar o mal sem se importar com o destino do seu praticante, e sim esclarecer, reconstruir o mal para o bem.

Pela lucidez e ação, pode-se transformar a Terra num planeta mais feliz, banindo os sofrimentos com alívio, doçura, auxílio, resignação, renúncia, serenidade, cujos exemplos modificam os efeitos do mal sem contestar a sua causa.

O próprio mal poderia envergonhar-se de suas ações diante dos exemplos e mais exemplos, ricos de valores morais e sentimentos nobres e dignos, que têm força transformadora sobre o livre-arbítrio do outro, não pela imposição, mas pela convicção voluntária de que o bem traz felicidade.

O mal agrupa aqueles que, sedentos de amor, chamam a atenção da humanidade, por não terem encontrado, ainda, quem na verdade lhes queiram bem, sem cobranças, chantagens emocionais, críticas, julgamentos, rejeições, castigos.

O desenho animado evoluiu na técnica; agora é o momento de evoluir no conteúdo moral, na comunicação da mensagem ao público.

A reação infeliz de combater o mal pelo mesmo teor, consumindo outras vidas, em vez de exterminar o mal, faz com que ele cresça em outras almas revoltadas. Para eles, o bem é inócuo, não passa de fachada de hipócritas, que falam sobre o bem mas fazem o mal também.

Só o bem pode expurgar as ações do mal na Terra. O mal não merece comentário, e precisamos crer nisso! O bem deveria ser mais noticiado e convidativo, para multiplicar sua ação renovadora, que previne e cura.

Enfim, com desenho e pintura, o artista pode compor o que ele desejaria ver no cotidiano, porém não encontra. É necessário preencher essa lacuna: a falta de divulgação do bem.

Tudo com que a humanidade sonha como testemunho de progresso e de amor, o inédito, um novo comportamento humano, uma estratégia do bem no coração dos homens, tudo o artista pode compor.

A verdadeira arte encerra o bem e o belo. O belo, sozinho, facilmente sai do domínio da arte, porque a obra pode ter efeitos maléficos, um encanto de caráter equivocado. O grau evolutivo do homem terreno, ainda em transição à sua formação espiritual, está longe de elevar-se à pura criatividade estética.

O bem e o belo na arte espiritual devem andar juntos, sendo que o bem é o alvo e o belo a consequência. O bem em arte obedece à ética, enquanto o belo à estética. Até mesmo em planos extrafísicos, o bem e o belo são condições universais.

Imoralidade, a pretexto de arte, sem limites éticos, lastimavelmente encarcera o homem no primitivismo em que ele se demora.

Há uma crença de que a arte é independente da moral; no entanto, o artista não o é, e deve adequar-se à época e ao meio em que vive. O papel da arte espiritual é contribuir para a serenidade, evolução e alegria do ser humano.

Ética da Arte

6

Ingressei no Solar das Artes agora como assíduo estudante, que primeiro estuda sobre arte para só depois especializar-se no ramo de interpretar, representar. E foi muito bom saber que Olavo é responsável por uma das matérias do programa: ética da arte.

As matérias não ficam presas na história da arte que nos mostra claramente que tudo evolui. Ela pode nortear a caminhada evolutiva do Espírito na arte, mas sempre lembrando-o a não estacionar nos modelos já ultrapassados.

Interessante é que o programa do curso não é só aquele preestabelecido, ou seja, os alunos, quando se interessam por esclarecimentos maiores a respeito de um conceito, discutem em grupo para adquirir conhecimentos e desenvolver uma ideia, para depois defendê-la ou descartá-la. É um verdadeiro exercício na evolução própria e também na da arte.

O aluno de arte precisa ter raciocínio e sentimento abertos, aceitar o desafio das ideias novas e desenvolvê-las com respeito e atenção, na certeza de que aquela ideia não surgiu por acaso. O trabalho até a decisão da aplicação ou rejeição de tais ideias requer esforço, discernimento e ética.

A ética está na lucidez de ver se a ideia proposta redunda ou não entre ideias coadjuvantes de uma ideia central já desgastada e, por outro lado, se a ideia está presa no fio de seus objetivos ou vem arrebentar, espalhar e perder o foco.

A ética da arte é para protegê-la do escárnio público, da decadência.

É com essa base ética que o artista firma seu caráter e contentamento pelo que faz. Ele aprende a não repetir o que já fora feito e usar a criatividade para acompanhar e contribuir para a evolução do homem.

O sentimento se transforma com o entendimento. Por exemplo, uma pessoa pode sofrer toda vez que relembra seu passado de sofrimento. No entanto, entendendo o sofrimento como lição abençoada para seu próprio progresso, o sentimento de revolta ou autopiedade transforma-se em gratidão à vida.

Olhar para o passado com um sentimento elevado é questão de ética.

A ética da arte não pode deixar de ajustar o sentimento do homem, desvencilhando-o do estacionamento nas próprias dores, para visualizar a verdadeira realidade.

A ética da arte se ocupa de todos os aspectos das relações humanas e tem por finalidade a análise e explicação do comportamento moral humano diante do impacto da comunicação artística. A reflexão ética entra na moralidade da arte.

O que antes era impacto favorável, hoje não é mais. Por exemplo, o palavrão, a frase grotesca colocada na hora certa exprimia muito, com poucas palavras: o artista fazia o homem buscar a inteira liberdade de expressão; hoje, com a liberdade conquistada, não há razão de ser, porque já não choca, não desperta o público.

Por que o público está preferindo a novela da televisão ao teatro? Um dos fatores é que a novela não traz frequentemente o palavreado grotesco, e palavrão é coisa de teatro.

O público não é lata de lixo! O público é seletivo, por mais inculto que seja, sua intuição lhe mostra o que escolher para si mesmo.

O teatro era para uma elite, agora é para o povo. No entanto, atualmente, o povo não está indo ao teatro como se esperava. Os tempos estão mudados. Hoje há mais humanismo na humanidade e pode-se contar nos dedos aqueles que fazem questão de ser dessa ou daquela elite. Tem gente que tem vergonha de ser elite, quer ser do povão e dizer orgulhoso: essa é minha gente!

Uma prova desse sentimento fraterno está enchendo os estádios de futebol. A alegria de torcer juntos tem uma vibração melhor do que o próprio espetáculo de bola.

O teatro está ficando em qualquer lugarzinho porque ainda com modelo ultrapassado.

Outro fator que faz o público querer a novela lá em casa é que, juntando todos os capítulos em uma apresentação única, resultaria, por comparação, um megateatro. O público sabe disso e até paga o preço de ver um pedacinho do espetáculo por dia, pois importa que o primoroso trabalho é feito por gente que não pensa pequeno.

Nunca houve gente tão ávida para preencher um vazio da alma. Por isso as instituições religiosas vêm ocupando o espaço físico onde ali existia anteriormente um teatro.

O homem precisa de burilamento espiritual, quando expande sua consciência, recebe um impacto de respeito, de amor; reajusta os sentimentos, adapta-se nesta vida, vê a realidade com coragem.

Chegou a hora de o homem aproveitar tudo que contribui para sua emancipação espiritual e eliminar o que não quer mais, o que não é útil para si mesmo.

Mais um fator favorecendo as novelas é que as pessoas estão preferindo o aconchego do lar, a companhia de um amigo. Quando vê um filme, ouve uma música, lembra-se logo de alguém, querendo ver um espetáculo teatral com alguém especial, com mesmas ideias e afinidades.

Por isso, o homem tem conseguido levar a arte para casa, ficando os cinemas e teatros quase vazios. Já é possível observar como o público e as salas de apresentação estão cada vez menores.

É o progresso, que destrói para reconstruir melhor. Muda tudo, nada é para sempre e as mudanças são para melhor.

Vejamos, antigamente, a trabalheira que uma dona de casa tinha para cuidar da casa e o preparo da alimentação até chegar à mesa. Era uma escrava do lar para a manutenção da família. Veio o progresso. Muitos lares desmoronaram, pensou-se até mesmo na desintegração da família. Hoje, menos trabalho e mais tempo de convivência, de estudo, de realizações que antes a mulher nem sonhava que pudesse um dia empreender. Família é a primeira escola, o homem a vê com carinho. O que era difícil tornou-se mais fácil e agradável.

A arte não desintegra; muda e vai continuar. Imagine você pegar a gravação de uma novela inteirinha, de um filme que estreia, de uma peça de teatro de qualidade e expor no telão de sua residência. Na hora que você pode, com quem você quer e ainda deletar, se não era o que esperava ver.

A ideia de "apresentação pública" vai também se transformando, porque publicar é expor o que você conseguiu captar da vida e transfere para o público com amor, auxiliando-o na mesma conquista. É expor uma ideia com clareza e sentimento, que vai ao encontro daqueles que também entendem e sentem como você.

Arte não tem preço! Arte não é profissão! Arte é vida, que não pode ser dispensada no processo evolutivo, porque atinge o ser humano na sua sensibilidade, na sua intuição. O verdadeiro artista se entrega ao que faz com paixão, vive o personagem e acredita que, pelo seu desempenho em equipe, constrói uma sociedade melhor, pois a arte preenche o Espírito em todos os campos de seu aprendizado.

Confesso que na minha última existência terrena eu não sabia o que era ética, não se falava em ética. Um código de conduta era elaborado de acordo com os interesses da direção de operários de uma profissão. Algumas regras eram impostas até mesmo com falta de ética.

Se o artista não estava preparado para ter ética, melhor que fosse livre para não confundir ética com censura, proibição.

Ética não é um código legal. É ser altruísta, é estar tranquilo com a consciência. Ser ético nada mais é do que agir direito, proceder bem, sem prejudicar os outros. Ética é tudo de bom!

Na primeira vez que se ouve falar em ética da arte não dá para logo assimilar sua importância. Quando pude estar com Olavo a sós, fui logo perguntando:

— Meu Deus, eu estou sonhando? O teatro que nostalgicamente relembro vai acabar?

— A natureza do homem não dá saltos, ainda por muito tempo haverá sempre um grupo apresentando seu trabalho em um fundo de quintal - Olavo sorriu.

— Mas, produzir um espetáculo envolve preparação do texto, ensaios, cenários, figurinos, luz, trilha sonora, tudo isso é caro, exige tempo e dedicação - esclareci contrariado.

— O teatro não precisa perder sua expressão característica, ainda é válido que três pessoas com uma ideia façam teatro. Não precisam muitos adereços porque trabalham no faz-de-conta. No entanto, melhor seria um trabalho de grupos diferenciados que se relacionam e se completam, produzindo eticamente o que têm de melhor para oferecer ao público - esclareceu atenciosamente.

— Se o artista já sofre para conseguir realizar uma peça e manter o elenco unido e disciplinado, como seria difícil montar um trabalho de grande porte, um *show* teatral!

— Não veja o artista como operário. A estreia seria para o público ao vivo, mas depois a gravação da apresentação manteria o espetáculo, durante anos, "viajando" na rede de comunicação.

— Teatro não é cinema! - soltei num impulso.

— Não seja antiquado, George. Arte é o entrelaçamento de tudo, sem preconceitos, chegando em outros países, sendo traduzida e apreciada internacionalmente.

— Não haveria um choque entre culturas? - argumentei experimentando expandir a consciência.

— Haveria, sim, uma troca de experiências, que aos poucos o homem dispensaria alguns costumes com a adesão de outros, num processo evolutivo natural.

— Os atores gostam de sentir a plateia... o murmúrio, as vibrações - comentei saudoso.

— Faz parte! E isso viaja também como parte do trabalho! - falou Olavo compreensivo.

— O ator espera chegar todas as noites para o espetáculo e se "alimentar" da vibração do público.

— Para nutrir o orgulho! – em tempo completou Olavo.

— É, é isso mesmo, levanta a autoestima dos atores.

Olavo, sem perder a serenidade, explicou:

— Na verdade tudo isso é um ensaio da própria vida. Os atores estão aprendendo a trabalhar para eliminar o orgulho mau e ficar só com o orgulho bom.

— Orgulho bom? O orgulho não é um defeito milenar que, camuflado, recebe outros apelidos como vaidade, personalismo, ilusão?

— Há aquele orgulho bom, a satisfação do trabalho bem feito, da consciência tranquila de que você fez o seu máximo, que não se importa mais com as críticas, porque confia que Deus sabe do seu empenho, das suas qualidades e dos seus limites.

— A maior conquista do artista seria não se incomodar com a opinião pública! – desabafei.

— Sempre haverá opiniões diversas, porque cada qual é um indivíduo que pensa e sente conforme seu grau evolutivo. Nunca o público foi ou é massa! – Olavo retrucou pausadamente.

— Você tem razão, acho que não é ético pensar no público como massa de um só sentimento coletivo.

— Agora é tempo de o homem respeitar os sentimentos alheios, doar o que faz de melhor ao público e ser humilde, porque assim como Deus permitiu à criatura usufruir um instrumento de comunicação, pode tirá-lo daquele que dele faz mau uso ou não o utiliza para sua real finalidade.

— Eu mesmo fiquei retirado da Arte durante todo esse processo de renovação, com a morte do corpo. Sentia que a vida não cessara, quis continuar a escrever e vivenciar o mundo do teatro, mas não me foi possível.

— De tempo em tempo damos uma parada obrigatória para retomada de força.

— Hoje não posso dizer que estou com outra cabeça para fazer o que gosto, mas com sentimentos novos de mais amor ao próximo, uma ternura pelo homem encarnado que tanto sofre, principalmente porque se entrega ao materialismo, desconhecendo que ele próprio é um ser divino, imortal, em constante evolução e que passa por experiências de aprendizado.

— As próprias dificuldades que os artistas encontram no caminho pedregoso de suas realizações são impedimentos para suas propostas, uma parada para aprendizado – ele disse convicto.

— Você quer dizer que quando não se consegue apresentar uma peça, pode ser por motivo de impedimento divino?

— Sim, e o instrumento de impedimento é o artista mesmo, reprovando-se por não ter capacidade, não ter boa proposta.

— Olavo, a reprovação do artista, quando falta uma boa proposta, quando não é ético, seria o impedimento?

— Sim, impedimento é recurso espiritual para queimar o mal e aguardar um adiantamento moral do homem para outras ideias.

— Porém há peças, já levadas ao público, que hoje acho não foram boas propostas.

— O impedimento não está somente na não realização do intento, mas também na pequena aceitação; afinal, o artista trabalha para o espectador, não é mesmo?

Apelações e Abusos na Arte

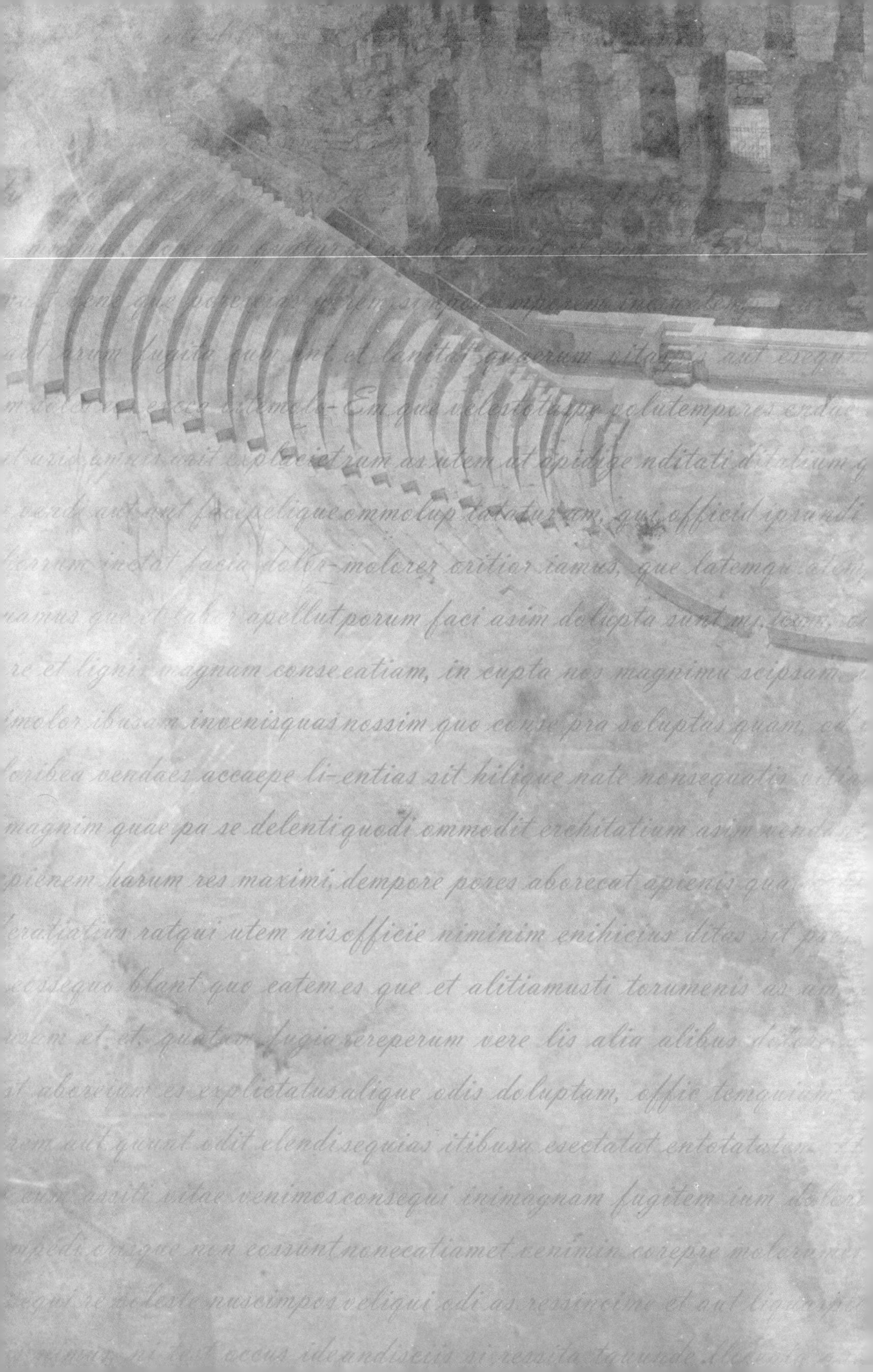

7

Eu estava feliz. Há momentos na vida, quando paramos por um segundo para dizer a nós mesmos: “É exatamente isso que gosto de fazer!”. Não se trata do prazer vulgar das sensações, mas pensar e sentir o que se faz, e afirmar para si mesmo que não gostaria de estar realizando algo melhor, porque é isso que o faz realmente entregar-se, dedicando-se incansavelmente com calma e perseverança.

Comecei a refletir sobre a conversa com Olavo. Eu teria muito que aprender com ele, bastava eu querer.

Revi na minha tela mental o público atual ser surpreendido com apresentações fora da ética, em que alguns ficam indignados, porém nada fazem para mudar isso. O homem precisa dar-se o valor, não merece ver apelações e abusos dentro da arte.

A proposta de consumismo no mercado está antieticamente inserida nas novelas, nos filmes e até no teatro! O materialismo sufoca a sensibilidade com a indecente corrupção de artistas, para distorcer objetivos, com interferência de uma ideia, verbal ou não verbal, que nem condiz com o contexto. Artistas tornam-se propagandistas!

Por mais breve seja a aparição, logo denota a vulnerabilidade do homem, que desrespeita a arte, o público e a si mesmo.

Artistas representam personagens com opiniões e sentimentos. Após a apresentação, o público ainda pode refletir sobre o conteúdo teatral e isso também influir em seu comportamento. Quem se identifica com um personagem passa a imitá-lo. Com a infiltração do materialismo, esquece-se a essência, os sentimentos do personagem, a mensagem.

Os valores estão materiais. Deveria ser uma honra patrocinar um trabalho de arte. O papel do patrocinador seria o de dar prestígio à arte, o público vendo no patrocinador sensibilidade, cultura, ideal.

Infelizmente os artistas se veem obrigados a mendigar patrocínio e, quando o conseguem, consumismo e arte lutam entre si para ganhar mais espaço.

Hoje o patrocinador investe na arte para vender mais o seu produto ou patrocina uma ideia materialista, alterando completamente o objetivo da arte. Por exemplo, os países que enriquecem com a indústria de armas propõem, e muitas vezes impõem, a exibição de filmes de "ação" para sugerir o poder. E uma consequência infeliz é o homem chegar ao cúmulo de também adquirir uma arma para impor medo e respeito.

Desarmado, o homem solucionaria pelo diálogo muitas situações conflitantes; porém favorece seu autoritarismo ostentar uma arma, em muitos casos sem intenção real de usá-la, sugestionado pela comunicação que recebeu por meio da "arte". A arte sem ética se submete a interesses escusos...

Quem possui arma, um dia a usará. Por isso a violência grassa no mundo todo. Não adianta repressão policial, pois a questão é de educação, de comunicação, de crescimento moral.

Indústrias de armas não fecharão nem demitirão funcionários e ainda continuarão exportando.

As armas estarão espalhadas no seu país, porque não se pode exportar o que internamente seja proibido. Até mesmo campanhas nacionais para desarmamento são incentivadas por outros países, que desejam continuar vendendo suas armas, pois as armas sendo proibidas serão mais cobiçadas por meio do comércio clandestino.

Cineastas de ideias e técnicas fantásticas não colocam campanhas éticas em prática porque não conseguiriam patrocínio. O consumismo dá a última palavra.

É grande a luta entre o material e o espiritual. Arte espiritual não pode sofrer interferência materialista, para que o artista manifeste seu potencial criativo. O cineasta curvado diante do materialismo não consegue fazer o que o público espera que o artista faça. Está nas mãos da arte descobrir o que há de melhor para as criaturas.

"Precisamos de dinheiro!" ouvimos isso frequentemente. E eu tenho certeza de que precisam mesmo é de relacionamento, boa vontade, ideal e esperança de que o ser humano seja capaz de doar-se por uma causa nobre, a do Bem. O serviço é enorme, mas o retorno do público é inesperado, porque o próprio artista deprecia a sensibilidade da "massa".

Dificilmente o público exigente encontra filmes de boa qualidade. A mercadologia da pirataria fornece dados sobre o que o público quer. Um trabalho bom como pérola preciosa rola de mãos em mãos em cópias, que chegam por recomendação de um para outro. O boca-a-boca faz a modesta divulgação do que há de melhor.

Durante milênios, arte foi uma questão de estética. O feio e o bonito sempre em luta. Hoje é uma questão de ética quando a luta está em rever o bom e o mau.

Numa outra oportunidade de falar com Olavo quando passeávamos a sós no jardim do Solar, no intervalo entre minhas aulas, fui logo dizendo:

— Acho que fiquei em estado de choque e os terráqueos ficariam também - levei para o humor o que para mim era algo muito sério.

— Choque de ter percebido o quê, George?

— De ter descoberto como todos nós, artistas e público, somos manipulados pelos interesses materiais.

— Muitos nem perceberam ainda! - exclamou, Olavo.

— O público também tem que fazer alguma coisa, não?

— Artista também é público quando assiste ao trabalho de seus colegas. O comportamento do público é interessante de ser estudado.

— Não sei onde depositar esperanças, no artista ou no público... - pensei em voz alta.

— Não desanime, George, temos que confiar no ser humano sem priorizar sua posição no momento. O artista hoje poderá ser somente público amanhã; um anônimo em meio ao público, agora, poderá revelar-se como artista amanhã.

— É verdade, estou hoje na melhor posição que Deus me situa para aproveitar e evoluir. No entanto, minha vontade seria "abrir os olhos" dos meus colegas amantes do teatro. A vida mundana preocupa-me porque ainda terei que voltar às lides terrenas, e não quero encontrar o que vejo agora por lá.

— Para merecer esferas mais altas temos de realizar o que pudermos no grau evolutivo em que nos encontramos. George, faça o que seu coração está lhe mandando, querido!

— Como?

— Você gosta de escrever, pois faça isso! - Olavo disse olhando-me nos olhos com ternura, que movia as fibras de meu coração.

— Acho que não conseguiria descrever bem a dimensão espiritual onde vivemos, essa arte espiritual. Seria falar do que não estou acostumado. Teria muito que dizer e me perderia no imenso conteúdo...

— Calma. A descrição completa da vida espiritual não é necessária porque não seria útil para o Espírito preso ao corpo. Você também não vai escrever as peças teatrais que acompanha aqui sem antes mudar a visão, a noção que se tem de Arte.

— Então o que eu escreveria?

— Primeiro de tudo, um chamamento! Depois, aguardar a reação dos leitores, para só então saber se deve continuar no empenho.

— O que é exatamente um chamamento?

— É colocar o sentimento que você está nutrindo em favor dos seus irmãozinhos na arte, numa conversa como estamos fazendo agora.

— Entendo, isso será fácil. Desculpe, eu já estou pensando lá na frente. Como é que meus escritos poderiam chegar às mãos do leitor?

— Não pense que por meio da psicografia do médium Xavier, pois ele já retornou à Espiritualidade. Chico Xavier deixou na Terra vasto material a ser estudado pelo ser humano que se interessa pela própria espiritualidade.

— Chico Xavier era um médium espírita.

— A mediunidade existe independente de religião. É preciso estudar qual pessoa poderia ser um instrumento mediúnico que compreenda e consiga transmitir o que você quer dizer. Não é fácil conseguir tal sintonia com alguém, mas é possível.

— Seria uma experiência incrível falar com a Terra!

— Calma, o trabalho requer paciência. Primeiro você abre seu coração, fala do que vê e sente. Talvez se dará por satisfeito somente por ter escrito e desabafado um pouco, o que ajuda a concatenar as próprias ideias. Depois, se ainda sentir que gostaria de apresentar aos leitores terrenos o que escreve, então terá que conseguir a aprovação espiritual para transmitir.

— Eu vou escrevendo, depois conversamos, Olavo. Você está me ajudando muito.

— Quero que você conte comigo, George. Escrever é grande responsabilidade espiritual. Sua influência abre uma brecha espiritual por onde pode entrar a luz do esclarecimento no Espírito que estava fechado, sem olhos de ver e ouvidos de ouvir, como dizia Jesus. Quando consegue esse intento, o leitor confia em seu amor e sintoniza-se espiritualmente com você para sorver o que tem mais para oferecer.

— Queria ter muito para oferecer em favor de uma arte espiritual, em que o artista pudesse realizar um trabalho enobrecedor, sublimando a arte como verdadeiro instrumento divino que auxilia o homem a crescer espiritualmente, mas sorrindo e não sofrendo para aprender.

— Deus abençoe o seu empenho, querido. Sinto sua necessidade de falar, então escreva.

Abraçamo-nos, fiquei muito comovido. Olavo compreendendo minhas necessidades indicava-me "escrever" como atenuante para meus mais íntimos sofrimentos atuais com relação à arte na vida terrena.

Arte é amor, evolução! Como pode redundar na mesma tônica das reportagens sobre o mundo do crime, apresentando problemas, representando com armas? Vamos continuar alimentando esse padrão mental?

Se é tão lerdo o discernimento sobre conduta legal, não seria a conduta ética da arte que deveria chegar primeiro? O desarmamento da arte não é única solução para o problema da violência, que é multicausal, mas é o primeiro passo.

Falando da minha área, o teatro. Os atores trabalham com o imaginário, com grupos gestuais que expressam dramaticamente o que o personagem vai ou não dizer. Quanto menor recurso material e maior capacidade de expressão, mais teatro.

Outro dia, numa apresentação teatral na vida terrena, pude observar por três vezes um personagem que fumava em cena. A fumaça, sem saída no teatro sem janelas, incomodou o público das primeiras fileiras. Algumas mulheres tapavam o nariz, mas continuavam ali. Ninguém paga o ingresso para se retirar do recinto antes do término.

Hoje mais convicto do que quero para mim, se lá estivesse encarnado faria alguma coisa, no mínimo trocaria de lugar, porque dei uma olhadela para trás e vi que o teatro não estava lotado.

Aquelas senhoras tão cedo não voltarão ao teatro. Uma impressão negativa ficou marcada, mesmo sem obter opinião formada sobre a peça. Mais cômodo destacar que preferem cinema ou TV ao teatro.

Quando o ator vai se desprender da matéria, para expressar-se? Teatro é linguagem corporal, trabalha com a imaginação!

Amadores estão fazendo um teatro espírita. Louvável iniciativa de mostrar os ensinamentos de Jesus, as leis divinas, a instrução dos Espíritos de maneira agradável. A iniciativa de colocar em cena o personagem desencarnado, ou seja, de um morto que vive em outra dimensão, abre o entendimento de alguns e torna-se também interessante para outros que veem no fato uma ficção.

Arte espiritual é uma maneira de contribuir para que o homem aprenda com naturalidade sobre questões cuja abertura é bloqueada por superstição, medo, incredulidade e materialismo.

No entanto, a vaidade dos espíritas tem sido o pior dos entraves, porque os engana. Quem vai assistir a uma peça espírita? Logicamente os espíritas! Desculpem-me os caríssimos irmãos espíritas, mas a vaidade nos faz perder o sentido das proporções. Sei que o adepto argumentaria que os espíritas gostam de teatro e é muito bom encontrar lá muitos confrades e confreiras.

Será que o grupo teatral não gostaria de ver seu trabalho semear no coração do público não espírita o mesmo bem-estar de maneira inesquecível?

Claro!

Todavia, queridos companheirinhos, abdiquem do rotulamento espírita nesse trabalho, não por desprezo pela doutrina que lhes consola e instrui, mas por um desprendimento feliz e aberto para abarcar a todos sem distinção.

Sabemos sobre a cobrança que sofrem dos próprios irmãos espíritas que se orgulham da realização teatral dessa ou daquela casa espírita. É ainda uma falta de expansão da consciência!

Os tempos são outros, mas a causa do Cristo ensinando o homem a aperfeiçoar-se e tornar-se verdadeiro homem de bem, continua! Novos tempos, novos instrumentais de trabalho na divulgação da Boa Nova.

Teatro é instrumento que pode tornar-se muito mais atraente, registrando a vibração e a aceitação do público como parte da mostra.

Teatro é humanização, não há necessidade de muitos recursos financeiros quando o grupo teatral é formado por pessoas certas, afins.

Nada de ocultar ensaios de amigos e outros atores a pretexto de fazer surpresa na estreia. Isso é casca de orgulho impedindo investir no relacionamento com outros artistas de mesmo ideal, que poderiam enriquecer a peça.

Para fazer um teatro espiritual, ao menos o diretor precisa ter muito estudo. Obras espíritas, espiritualistas, esotéricas, holísticas já estão à disposição de um público muito pequeno que lê. Vamos levar ao palco a adaptação de um livro cujo conteúdo, em no máximo duas horas, será assimilado de maneira leve, descontraída, nas horas de lazer.

Já vêm sendo apresentados filmes no cinema, de boa aceitação, alguns ainda com fantasias que mostram a necessidade de maior estudo, e o que não falta é vasta literatura espiritual.

Para o lazer do público, os trabalhos realizados na televisão, no cinema e no teatro são de tal qualidade que, refletindo bem, desprezam os valores intelectuais e morais conquistados pelo homem até hoje. O fato de o público rir de uma cena patética não significa que esteja gostando. Muito mais se ri de até onde o ser humano pôde chegar com sua liberdade de expressão sem saber fazer nada bom e belo com essa liberdade.

Gasta-se muito com um cenário impressionante para encenar diálogo carregado de erros de pronúncia, com ideias contraditórias, confusas, a pretexto de fazer graça sem nenhum valor humano.

Arte é comunicação de roteiro altruísta, renovador, para ajudar o público a concatenar as ideias. É válido fazer uma comparação de como a situação está e como poderia ficar melhor. Talvez eu não esteja sendo claro sem dar um exemplo, que pude observar na vida terrena, quando um grupo de teatro amador ensaiava no fundo de uma casa religiosa.

No roteiro, a mãe queria passar à família um breve estudo do Evangelho, para chegar a uma conclusão moral com finalidade de educar e orientar a família. A reação dos familiares é possível de se imaginar, há ainda forte predisposição de rejeição, ausência, indiferença ou até em alguns casos certa discordância.

Tudo que os personagens transmitiram já era previsto, não acrescentava nada, parecendo cenas copiadas do que acontece em muitos lares. Agora, se fosse mostrado como lidar com as reações diversas, mesmo sem pleno sucesso, mas resgatando a atenção e o respeito de alguns familiares, o teatro estaria inspirando o público a pensar e sentir.

Toda pessoa tem o livre-arbítrio de ler, assistir e saber sobre tudo o que quiser. E deve exercitar ao mesmo tempo sua capacidade seletiva de eliminar o que não lhe serve e apreender o que quer para si.

Discernimento é virtude que se apura com treino em muitas existências na vida terrena. Às vezes, alguém elimina um assunto que na verdade não compreende. Basta entender de maneira viva e clara, como deve ser apresentada no teatro, para que mude seu pré-julgamento.

Criatividade e Ousadia

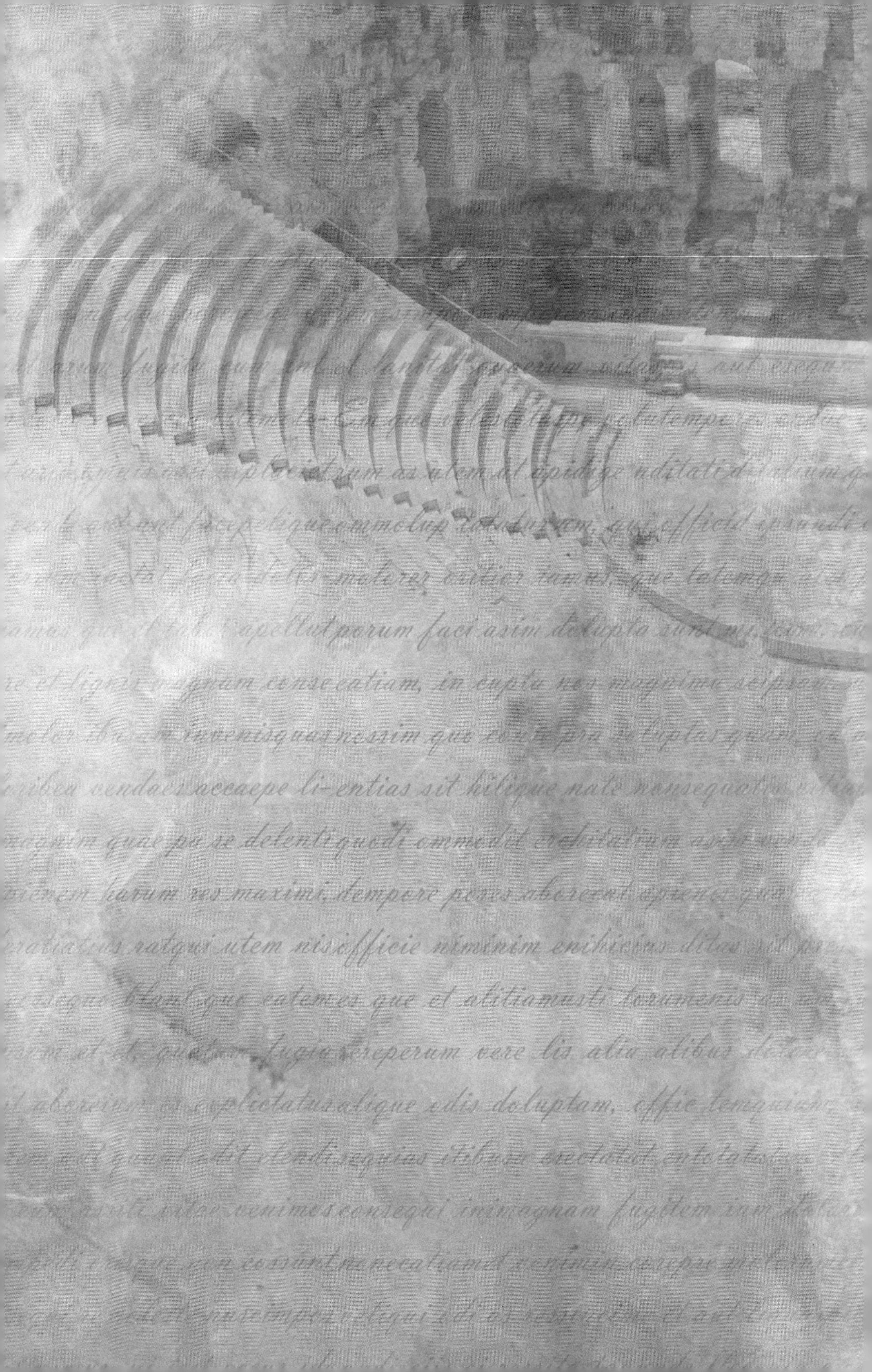

8

Parece que arte espiritual é para público exigente; porém, não é. É uma trajetória natural para o homem que está por lei divina sempre evoluindo, tratando de um aspecto de sua vida aparentemente esquecido.

É como alguém que viaja para uma volta ao mundo e se esquece de sua família. Ao relembrá-la, por mais doce que sejam as lembranças, a distância o impele a deixá-las de lado para dar atenção ao que faz no momento.

Se sua família vai ao seu encontro, abraça-o; quando se falam e vivenciam suas raízes, ele até esquece que está no exterior.

Assim é o Espírito que viaja para suas experiências terrenas no veículo da reprodução, passa uma vida na carne, trazendo vagas lembranças de onde veio. Quando a Espiritualidade Invisível lhe é mencionada, lembra que morrer é só embarcar no trem de volta, pois a vida é imortal.

É quando o homem se conscientiza de que há sempre metas a alcançar para seu crescimento, conforme planejamento espiritual anterior ao reencarne. Sempre acompanhado por benfeitores espirituais, que torcem por seu sucesso, ele não se sente exilado na terra e novas se tornam suas disposições espirituais, com vontade de ser uma criatura melhor.

É imprescindível lembrar que todos são criaturas amadas, por ora "distantes" dos entes queridos da espiritualidade para aprender a caminhar com suas próprias pernas.

O amor entre as criaturas aparentemente distantes, porque em lados diferentes da vida, é imorredouro. Laços de amor são eternos. Ninguém na vida terrena está desamparado do amor de alguém, seja na terra ou no espaço. Em nome desse amor, que talvez não possa ainda perceber, é que o ser humano deve evoluir, não só para sua própria felicidade, mas também para a felicidade dos que o amam.

Não sei qual é o mistério, a dificuldade de se falar sobre Espíritos. Cada criatura é um Espírito, disso não tenham dúvida. O homem, ao retornar para a vida espiritual e constatar que é imortal, que só o corpo ocupado temporariamente se desintegra, vai depois, assim como eu, querer falar para os quatro ventos que a vida continua.

A maior tristeza que o homem pode sentir, do lado de cá, é a impressão de tempo perdido.

Deus o coloca na vida terrena, no melhor lugar onde você poderia estar, com as condições de realizar uma tarefa bem feita. Pode lhe dar conselhos e advertências mesmo, por meio de livros e de pessoas que querem o seu progresso. E ainda viabiliza uma oportunidade para você crer em suas próprias potencialidades. Não perca tempo.

Não é porque sou um Espírito que eu esteja escrevendo apenas para espíritas. Quando você retornar para cá, não lhe será perguntado qual foi sua religião. É isso mesmo! O que interessa, aqui, são as suas obras!

Na bagagem de retorno está todo o bem que você fez. Mas vai sentir falta, na bagagem, de todo o bem que podia ter feito, e não fez.

Nunca é tarde para a virada. Confesso deixei de fazer o que podia, porque não sabia. Se a misericórdia divina me perdoa, eu mesmo devo perdoar-me.

Perdoar-me sim, mas se posso chamar meus colegas para realizações mais nobres e éticas, não deixarei de fazê-lo. Alguém há de me ouvir! E para aquele que ouvir e desejar sinceramente realizar um espetáculo digno de nossos irmãos, não faltará ajuda. Eu mesmo me proponho a ajudar e não estarei sozinho.

A tarefa inicial será falar de nossos anseios de um teatro espiritual grandioso em qualidade, para que as almas afins se aproximem no mesmo intento, e só depois começar o trabalho propriamente dito.

Unam-se num só ideal de doação, não se curvem às imposições do materialismo, a pretexto de patrocínio. "O pouco com Deus pode ser muito" diz o povo. O primeiro espetáculo é o desafio, depois vocês poderão escolher o patrocínio, não de vendas de produtos, mas de ideias para o bem coletivo. A conscientização beneficia o homem e de alguma forma beneficia a economia ao mesmo tempo, sem que a indústria ou o comércio que patrocinam apareçam, porque a própria conscientização coletiva beneficia os dois lados. Nas áreas de saúde, ecologia, inclusão social, cultura, educação e outras, você pode mudar o ponto de vista valorizando o **ser** em detrimento do **ter**.

Há outras maneiras de desenvolver o lado material, mas também o espiritual. Sei que estão na vida terrena e o dinheiro, embora não seja tudo, faz falta.

Eis uma sugestão: patrocínio do próprio público.

É isso mesmo. O público nunca paga pelo que quer e, porque não contribuiu, não é ouvido. Sendo para o meio artístico "uma massa", jogam para esse público o que acham que é bom ou até o que sabem que não é bom.

Pois bem, esse público, humano, tem sentimentos e intuitivamente sabe que estão jogando lixo em sua cara. Não conseguem reagir, o máximo que fazem é não sair de casa, não ir ao cinema nem ao teatro. Ansiosos por uma programação valiosa, ficam obsessivamente mudando a TV de canal em canal, à procura do que lhes satisfaça, e nada!

Essa "massa" querida, quando se deparar com um trabalho feito carinhosamente, que lhes toque a alma sedenta de luz e amor, vai, por intuição, sentimento e razão, saber discernir o que é bom para si mesma, não tenham dúvida.

O público tem força. Por que entra em cena só no final? O respaldo material e espiritual pode vir dele próprio! Que tal inverter a ordem das coisas? Expor a pretensão ou pretensões artísticas para o público que escolhe, aprova e contribui. Que libertação seria o artista confiar na capacidade do ser humano e se desvencilhar da máquina capitalista que impõe, que esmaga sua criatividade.

Não lhes falo de algo nunca cogitado pelo coração humano, logo seria um deslumbramento passageiro. Falo de irmãos que já estão se mexendo para as realizações para as quais chamo a atenção.

Quando a humanidade atinge certa maturidade, vai acontecendo naturalmente uma série de mudanças próprias para sua emancipação. É como a criança, não fica só na infância; para seu crescimento tudo se transforma e depois vêm os frutos.

O trabalho artístico vive essa fase de mudanças, parece que a situação está meio feia. Alguns já trocam novela de TV por um bate-papo amigo, porque no bate-papo pode haver mais vibração fraterna, mais compreensão, mais aprendizado de vida. A vida das pessoas é a grande novela e a novela da vida real traz lições concretas.

Salvo exceções, personagens de drama na TV, cinema ou teatro não evoluem! São congelados no mesmo modo de pensar, sentir e agir.

A vida não é assim, seres humanos muitíssimas vezes erram pensando estar certos.

Alguns desejam muito realizar o seu melhor, mas escorregam e revelam impulsivamente seu instinto de defesa, para depois se arrependerem sofrendo com a própria inferioridade.

Quantas pessoas gostariam de se libertar de conceitos e preconceitos arraigados em suas almas, e mesmo encontrando ideias novas não têm coragem de se renovar. Nesse caso é preciso que uma avalanche de gente as impulsione, arraste-as até romper esses grilhões seculares.

Há pessoas que se culpam, se redimem e compensam em boas realizações o tempo perdido. Quem a conheceu e depois de dez anos a reencontra, quase não a reconhece, porque ela mudou, e mudou para melhor. Que força tem a mão que, arrependida de seus erros passados, reconstrói sua vida do caos ao topo de ser querido e amado por todos.

O anjo da dor tem arrefecido os sentimentos mais rebeldes. Criaturas levantam-se do leito com outras propostas de vida, que só quem sofreu sabe, mas a arte ainda não.

No silêncio, na discrição, no trabalho e na fé quantas criaturas, sem qualquer alarde, praticam o bem, cuja visibilidade nem depois de sua morte vem à tona, sendo lembradas por poucos que oram a Deus em seu favor.

Amigos da arte espiritual, espiritualizem, humanizem, renovem os trabalhos já apresentados até hoje! Humildemente reconheçam que poderiam ter feito melhor, e saibam como melhorá-los. Deem aos personagens uma vida real, aquela que o dia a dia ensina. Por meio da arte o público retém a experiência, acredita e faz.

A arte espiritual exemplifica o bem, colocando o mal lado a lado, é verdade. Porém a estratégia é mostrar que o ser humano obedece a uma lei divina, chamada lei de evolução.

Esse progresso do Espírito se dá paulatinamente, de maneira que toda criatura, por mais estagnadamente pareça ter vivido, ainda assim evoluiu um pouquinho. Hoje ela é melhor do que antes, tanto em relação ao tempo próximo passado como também às vidas passadas.

Até agora o joio e o trigo cresceram juntos. O mal multiplicando-se e sufocando o bem, que não morre mas também não cresce como deveria, para ganhar espaço. Agora chegou a vez não de arrancar o joio aos montes e atirá-lo ao fogo do inferno, como sempre quiseram fazer. É hora do bem crescer tão robusto, sensível, forte e amoroso que o mal vai saindo de fininho, com vergonha.

O Amor deve ser trabalhado em nós de mil maneiras! Nunca se pensou que podemos amar a todos os personagens?

Certa vez, querendo humanizar um vilão de história, analisaram-lhe a infância, os traumas, as fraquezas, as oportunidades de escolha entre o bem que convidava e o mal que sugeria persistir nas más tendências, e levaram sua história ao cinema. Seus erros, a punição e o sofrimento da família, que sonhava com um futuro melhor para o criminoso, conduziam a uma mudança de visão do espectador.

O público despertava para sentimentos de misericórdia, compaixão, empatia ao colocar-se no lugar do outro, imaginando que, diante das condições, tentações e ignorância do personagem, qualquer um estaria sujeito a falir moralmente numa fase da existência.

Pois bem, o público estava tomado de um sentimento novo, de caridade espiritual, não podia julgar o que não conhecia de fato, por mais informações que recebesse. Alguma coisa mudava para melhor, no espectador.

Todavia, também surgiram os indignados, e com razão! O bandido passou a ser amado e se tornava um herói!

Cabe aqui uma advertência: todo excesso é prejudicial, principalmente em arte.

No entanto, trago a certeza de que o ser humano, quando compreende a situação, tem bom coração.

O homem não sabe ainda o puro e verdadeiro sentido da palavra *amor,* tão banalizada. A ciência começa a resgatar a ideia de Deus. Desde a alma até o cosmo, o conhecimento só será possível estudando as leis divinas que regem a tudo e a todos nós. Digo mais, o amor será a religião do futuro.

Assim, a arte espiritual vai influenciar poderosamente nos mais variados setores da vida humana, nos órgãos públicos, na administração empresarial, nas decisões nacionais e mundiais.

Melhore o trato com nossos irmãos, embora a palavra *irmão* esteja desvirtuada, pegajosa no fanatismo e exploração religiosa; entretanto será por muito nos amarmos que herdaremos a Terra sem o mal, abundante por nossa invigilância e desamor.

Não há instituição educativa, nem religiosa, capaz de fazer essa remodelação de caráter, essa expansão da consciência, essa evangelização em massa para os dias atuais. As escolas e igrejas estão abertas para quem ali vai, mas nem sempre encontra o que está buscando, pois não sabe fazer seleção para eliminar o que não lhe serve e apreender o que serve. Essa seleção fica por conta da arte. Nada se cria, tudo está plasmado no éter à nossa volta, a tarefa criativa é buscar, espiritualmente, e achar.

Agora outra face do materialismo, em que a criatividade, imprescindível ao artista, fica tolhida. Há preferência à interpretação de obras do século passado, que não esbarram nos direitos autorais, já em domínio público.

Pois bem, entre as obras seculares há aquelas que conseguiram fazer sucesso. Então, a arte sem criatividade fica a repetir esse mesmo trabalho. Além disso, deturpa as ideias do autor com adaptações esdrúxulas a pretexto de atualização. Dois erros fatais contra o progresso!

Nosso psiquismo atual, não sem dificuldade se afiniza com o psiquismo de 20 ou 30 anos atrás, quanto mais em se tratando de um século! Pode ser bonito, porém nada traz de bom, nada acrescenta ao homem de hoje.

Outro erro é o grande medo de ousar, o teatro repete, feito cozinheira que faz sempre o mesmo prato, porque todos comem tudo. Não ousa criar para não sobrar na panela, mas com isso não cresce seu dom culinário. Não procura fazer algo novo, porque não tem prática, dá trabalho e pode não agradar.

No teatro ficam repetindo certas mesmices, com adaptação de fulano ou de beltrano, e não sai de cima da mesma coisa. O "medo de trocar de time porque este está ganhando" chega a ser absurdo, como se a vida não apresentasse outra opção, enquanto a arte espiritual está aí precisando ser trabalhada.

A ordem agora é a seguinte: ouse!

Se não ousar, o teatro não vai sair do lugarzinho em que está sendo colocado.

Falo-lhes com amor, como gostaria de ouvir se estivesse agora encarnado. Sei que poderia ficar meio perdido sem saber como começar, mas iria refletir no chamamento que está sendo feito.

Aos meus Colegas

9

Cada pessoa tem um anjo protetor, nada mais que um Espírito amigo. Acho que ninguém mais acredita que esse anjo tenha asas.

Esse Espírito está pronto para auxiliar seu pupilo, porque sabe que protegendo e auxiliando o viajante na superfície terrena, também poderá contar com ele quando se inverterem os papéis. Ou seja, amanhã o Espírito amigo vai reencarnar, levar uma vida terrena imerso no esquecimento de suas vidas passadas, e será como um dos leitores. E você, amanhã, poderá estar do lado de cá como eu agora, embora invisível aos olhos da carne, dando uma força para os amigos.

Se cada um se voltar mentalmente para esse Espírito amigo, seu protetor, e humildemente pedir-lhe que ajude a reorganizar sua vida na Arte, imediatamente ele vai me chamar. E eu vou chamar Olavo, que virá com o regimento de Espíritos-artistas, depositários das esperanças daqueles que realmente querem fazer algo, porque creem que não estou brincando.

Daí é bom o leitor-artista reunir amigos para leitura em grupo, para que as reflexões passem logo pelo crivo do bom senso de todos. Na oportunidade poderão ser inspirados sobre o melhor a fazer quando, de fato, estão com verdadeiro amor à arte.

Aquele que quer tirar vantagem em tudo, ou que fica jogando areia de negativismo nas ideias singelas dos companheiros, pode gentilmente ser convidado a não participar mais.

Vamos ser mais humildes? Quem nos deu inteligência e capacidade de amar? Quem nos colocou no corpo humano com as oportunidades de fazermos algo pela humanidade? Se você já sabe a resposta, então, antes de qualquer estudo, decisão ou trabalho, vamos ter a humildade de erguer o pensamento deste pó da terra, fechar os olhos e buscar espiritualmente Deus. Um minuto é suficiente, não precisa dizer nada, basta conduzir o pensamento ao Alto e sentir que você é muito amado e nunca está sozinho.

Não se envergonhe de ser humilde! Humildade é conhecimento perfeito sobre quem somos e o que podemos, sem nos iludirmos com qualidades que ainda não temos. Humildade não é compostura nem tom de voz, mas posição realista do Espírito que analisa a si mesmo.

Vamos falar agora sobre o preparo do texto teatral. Deve tratar-se sempre de algo sério e esclarecedor, com uma pitada de humor para maior leveza e descontração. Nunca menospreze a inteligência do público, achando necessário colocar em cena personagem idiota com perguntas abobadas. Enquanto alguns riem, mais pela surpresa da idiotice do que pela graça que você quis dar, outros se sentem decepcionados, sem poder confiar que vão assistir algo inteiramente bom.

Vocês já viram situações na vida que seriam cômicas, se não fossem verdade? Procurem-nas, o homem precisa conscientizar-se do papel que faz quando se entrega a emoções desenfreadas.

Convém intercalar dimensões espirituais, o visível com o invisível, prender o espectador na busca de compreensão sobre fatos que chegam a ser cômicos se não fossem algo sério, resultando em reflexões edificantes para a emancipação espiritual do homem.

Há atitudes de pessoas consideradas sensatas, de que ninguém ousaria rir, mas que também criam situações cômicas. O público e também o ator se deliciam com esse depoimento verdadeiro da alma. Rir por dentro é mais gostoso do que rir por fora, porque se cresce espiritualmente.

Assim como não é por eu ser um Espírito, que falo apenas para espíritas, também não é porque fui um artista, que falo só para artistas. O público variado é imprescindível na arte, porque ninguém faz arte sem que ela seja expressiva para alguém.

Já foi o tempo em que público simbolizava parede negra, massa silenciosa, fenômeno incompreensível quando o espetáculo estava para começar e os espectadores surgiam um a um, não se sabe de onde, formando a plateia. Hoje, o trabalho de divulgação é árduo. Quantas vezes é preciso "calçar bem a cara" para não chorar e fazer o mesmo espetáculo para uma minoria, como se a casa estivesse cheia.

Teatro não é trabalho isolado. Interpretar com a participação de um ou outro da plateia significa levar a arte para mais perto do público e trazer o público para o coração do artista. Fazer isto requer cuidado, para que, a pretexto de arte, o espectador não seja exposto ao ridículo. Não pode ser exposto ao ridículo o personagem que representa o público, que não vai perdoar mesmo e vai tomar as dores de qualquer falta de respeito aos sentimentos alheios.

Essa arte de trabalhar com a reação da plateia exige tal sensibilidade artística, que dá para contar nos dedos quem é capaz. No entanto é arte passível de ser aprendida, ensaiada e de enriquecer um espetáculo.

Os mais vigilantes formam uma equipe de colaboração, ocultamente misturada à plateia até o momento de sua atuação. O artista expressa o sentimento público, não no palco e sim na plateia. O personagem-espectador é ouvido, sentido, compreendido.

O grupo teatral fica incomodado com os cochichos da plateia murmurando um no ouvido do outro. É preciso fazer um estudo sobre isso. Os espectadores precisam manifestar-se, expressar seus sentimentos, ter noção clara do que lhes vai ao íntimo. É o personagem-espectador que traz isso à tona.

Daí a razão por que uma peça pode evoluir e tornar-se melhor do que no dia da estreia. É por isso que, estando a peça pré-pronta, os ensaios deveriam ser públicos, para o enriquecimento do conteúdo. A estreia para os meios de comunicação já não seria tão tensa e surpreendente, mas o auge do trabalho.

Como o povo gosta de saber que ninguém na terra é perfeito! Trata-se de um ajustamento moral de igualdade. Um bom trabalho requer empenho, superação de limites.

A pré-estreia e a estreia são apresentações comparativas que também auxiliam no desenvolvimento da garra para se conseguir o que se quer. Os ensaios de pré-estréia podem até mesmo contar com um público maior, pois o ingresso a preço simbólico favorece camadas sociais com maior dificuldade financeira a desenvolver o gosto pelo teatro.

É de praxe o público aplaudir. Antigamente, quando a peça era digna de aplauso fervoroso, manifestação de júbilo e gratidão pelo empenho artístico, o público também aplaudia de pé.

Hoje em dia, quando alguns aplaudem de pé, o restante envergonha-se de permanecer sentado com seu aplauso frouxo. O resultado é a imitação e não a autenticidade!

A força do público é o aplauso, cuja intensidade deve comunicar-se com o artista. Faça bom uso desse instrumento. Seja fiel a si mesmo. Ninguém pode repreender sua conquista – a liberdade de expressão.

Voltemos a falar do texto, que também evolui. É muito difícil manter o conteúdo sem alteração. Não há quem possa escrever uma peça pretendendo que os artistas não alterem uma palavra sequer.

Em todos os planos da Vida somos constantemente envolvidos por um mar de vibrações cósmicas. Pensamentos viajam dentro dessa área extensa e nos alcançam, sugerindo, completando ou alterando ideias, dentro da mesma sintonia mental. Cabe-nos discernir para aceitar ou repelir sugestões telepáticas.

O trabalho conta com auxílio espiritual relevante, ou seja, querendo ou não, sempre há auxílio espiritual, porém sua qualidade vai depender da qualidade de sintonia do encarnado. Então o artista pode receber auxílio espiritual, mesmo que não se dê conta disso, e tal acontece porque ele fica mentalmente buscando, por amor ao que faz, um modo de fazê-lo melhor.

A disciplina é necessária para o ensaio não ficar uma bagunça, mas não deve suprimir a liberdade do ator empregar o que acha melhor para a apreciação dos colegas, porque ele pode estar sendo inspirado a expressar-se melhor.

Não posso deixar de fazer uma advertência: há interferências que derrubam um trabalho. Artista pessimista ou revoltado pode entrar em sintonia com Espíritos malfazejos. Por isso é imprescindível o discernimento, sempre passando tudo pelo crivo da razão e do coração, de preferência em grupo.

Sintonizar é entrar numa faixa mental. Por exemplo: vou colocar música e sentir o que ela me pode inspirar; vou concentrar-me no trabalho e captar uma inspiração. Que você vai captar alguma ideia, vai mesmo, porque se colocou na posição mental, na sintonia para perceber o que procura.

É nesse momento que Espíritos aproveitam a brecha para darem o que têm. No entanto, Espíritos ao seu lado podem estar em sintonia não com seu trabalho, mas com o seu comportamento, suas atitudes, sem tomarem conhecimento do trabalho. Então esses Espíritos, além de não ajudarem no trabalho, tiram proveito do seu comportamento.

Acho que não estou sendo claro. Por exemplo: enquanto tranquilamente traga a fumaça do cigarro, o artista acha que consegue boa inspiração. Pode um Espírito como eu, ou mais superior, querer ajudá-lo, soprando sutilmente em sua "orelha" espiritual alguma ideia. No entanto, outros Espíritos aproximam-se para sorver os fluidos do tabaco, instigando-o a fumar sempre mais para abastecer-lhes a vontade.

De fato são Espíritos que não precisam do cigarro, assim como encarnados não precisam, mas o vício do uso causou-lhes dependência tal, que mesmo desencarnados ainda buscam fumar. Então, como já não podem materialmente acender um cigarro e fumar, sugerem-no ao encarnado para ao menos absorverem os fluidos perniciosos, que aderem à sua aura de Espírito desencarnado, escravizando-o a buscar sempre.

Voltando à sintonia espiritual. O artista estava predisposto espiritualmente a ser inspirado em sua criatividade artística, até que provocou a aproximação de um ou mais Espíritos afins, porém a turba de Espíritos que preferem o vício é maior, tomam a frente, e os Espíritos benfeitores que poderiam ajudar na elaboração do trabalho retiram-se.

O mais impressionante nos depoimentos da maior parte dos artistas que desencarnaram é a afirmação de que poderiam ter feito mais e não fizeram, porque estavam rodeados de Espíritos mais ligados ao seu comportamento, aos vícios, do que ao seu intelecto, ao sentimento.

Cada alma tem sua própria capacitação, conquistada na pluralidade de existências passadas na terra, assim como aprendem muito na espiritualidade antes de reencarnar. O reencarne coloca a criatura em esquecimento do passado, o que a auxilia a não nutrir os mesmos sofrimentos passados, mas dificulta a lembrança de suas potencialidades.

Um benefício espiritual é o de sutilmente levantar o véu do esquecimento o suficiente para que a luz penetre em sua memória espiritual. Você sente, no momento certo, o que lhe seja útil, dentro do que já teve a determinação de realizar.

Aos mais sensíveis e estudiosos basta um Espírito benfeitor dar-lhes uma ideia inicial e o artista a desenvolve conforme a capacidade de compreensão.

Não há condição de Espírito algum fazer alguém levantar-se do seu repouso e impulsioná-lo para alguma realização. Primeiro o encarnado toma a iniciativa, coloca mãos à obra, para só depois a espiritualidade amiga colaborar, e quanto mais sóbrio o artista, mais fácil será para nós do lado de cá.

O encarnado às vezes não dá ouvidos ao auxílio espiritual que recebe. Quando outra pessoa realiza o que lhe foi mentalmente sugerido, ele admite que já teve aquela ideia e não se deteve a refletir e agir.

Estando o encarnado agitado, preocupado, a sintonia espiritual fica fraca, a ideia vem muito sutilmente e muitas vezes não dá para ele perceber. Já o encarnado com predisposição espiritual, que se prepara para ter a percepção, não só capta a ideia mas também todo o sentimento que vem junto, de maneira que obtém a luz do entendimento e a compreensão do sentimento, não restando qualquer dúvida de que ele está realmente sendo inspirado.

O colega deve estar se perguntando: como me preparar espiritualmente? E eu lhe respondo que o corpo deve estar naturalmente relaxado, sem qualquer antidepressivo, alcoólicos ou outras drogas. Uma boa música clássica, instrumental de preferência, auxilia muito o pensamento a desvencilhar-se de tudo e leva à melhor concentração sobre a elaboração do trabalho.

Erguer o pensamento de gratidão a Deus nunca é demais, assim como ter humildade para pedir de coração o auxílio divino. Ter certeza, mas confiança mesmo, de que seu mentor ou mentora espiritual se aproxima nesta hora e deixar-se envolver num abraço imperceptível, não sensação corpórea e sim num aperto no coração. A partir daí você se sentirá você mesmo. Se vai escrever, faça um esboço; se vai representar, faça um ensaio, sonhe, plasme mentalmente como tudo deverá ficar. Você se sentirá num daqueles melhores dias, quando sua criatividade vai "a mil".

Pode o ser humano alegar que na obra não houve interferência espiritual, que ele mesmo teve esta ou aquela ideia muitas vezes, que de fato a criação é sua, não admitindo ter sido ajudado por um ser invisível, impalpável, cuja presença não está documentada e cuja coautoria ninguém pode provar.

Há mais interferência espiritual na vida dos encarnados do que possam supor, isso porque nossa mente não para, do lado de lá ou do lado de cá estamos sempre pensando, e somos atraídos uns aos outros pelos mesmos interesses, gostos e afinidades, assim como pelos laços afetivos eternos.

Quanto mais superior um Espírito, mais desprendido de qualquer reconhecimento. Ele faz o bem pela felicidade de fazê-lo. Ajuda e passa sem olhar para trás. O encarnado aproveite se quiser.

Mediunidade é Amor

10

Quando na terra, como muita gente eu vivia dias de bom humor e dias de mau humor. Às vezes o bom humor atingia tal clímax que me tornava criativo, levando-me a escrever, ensaiar e visualizar tudo como eu realmente queria, o que não estava conseguindo até aquele momento.

O mau humor era mais duradouro, improdutivo e crescente, ou seja, começava com pequena intensidade que ia aumentando, cada vez mais, e com muita dificuldade eu conseguia reverter os sentimentos para atingir o bom humor outra vez.

Só hoje compreendo o que espiritualmente acontecia: tudo é questão de sintonia espiritual.

Se por alguma contrariedade eu me deixava abater, nutrindo sentimento negativo, como o desânimo, isso era suficiente para eu atrair mentalmente sentimentos semelhantes, que realçavam o meu desânimo.

Pensamento infeliz nunca vem sozinho, pois juntamente com o desânimo seguem-se ideias de pessimismo, tristeza, fuga das responsabilidades. Assim ia acentuando o quadro das minhas percepções espirituais, até que meu corpo sentia tal vibração e, consequentemente, por infiltração na carne, surgiam as doenças psicossomáticas.

Adoecemos primeiro espiritualmente e, depois de um tempo mais ou menos breve, dependendo da desarmonia interior, extravasamos a doença no corpo.

Quando o homem perceber que constantemente influencia e é influenciado, que é uma fábrica de pensamentos mobilizadores de sentimentos, ele não mais vai se deixar levar de roldão por influências, sugestões de toda sorte dentro de sua casa mental. O homem pode e deve selecionar o que entra e o que sai de sua mente!

Até quando "morri" para a terra, eu não compreendia da maneira que sei hoje a célebre frase de Jesus, quando dizia ao homem: "orai e vigiai".

Está mais claro que, quando um pensamento infeliz vem à minha cabeça, devo logo extingui-lo com toda a força da minha vontade, sobrepondo a essa infeliz ideia uma outra bem sadia. Por ser muito difícil imprimir pensamento positivo para consumir o negativo, temos que nos valer da prece.

Prece é falar com Deus pelo pensamento. Mas se o tráfego de pensamentos está congestionado, fale em voz alta, até mesmo em altos brados, para furar a camada densa formada na aura, que fluidicamente impede nossa elevação para o alto e para a frente.

Mesmo sem interromper qualquer tarefa, abruptamente eu brado mais ou menos assim: "Socorro, meu Deus, afasta de mim este pensamento!", e não volto mais ao infeliz pensamentozinho.

Diante de nossa invigilância, reconhecer um pensamento infeliz parece um mistério, e por isso é mais frequente a sintonia com o mal.

Falar dos defeitos de uma pessoa, principalmente quando ausente, sem direito de se defender; revelar o que alguém lhe contou, confiando em sua discrição; fazer um pré-julgamento sem conhecer de fato a causa; dar asas a sentimentos de antipatia gratuita e entregar-se a ideias de comodismo;

escolher distração e lazer não edificantes, eis algumas posturas mentais infelizes que sintonizam com o Embaixo.

Sou avesso a preces decoradas e longas. Vou explicar por quê. Como Espírito desvencilhado da prisão carnal, trago algumas vantagens. Uma delas é poder saber o que se passa no coração de cada pessoa num grupo de prece. Claro que não fui logo percebendo isso, afinal estou aqui em constante aprendizado, graças aos instrutores amigos.

Pois bem, para muitas pessoas a prece decorada, repetida sem reflexão sobre cada palavra, é mais um ritual, manifestação exterior em que a alma não participa. O ideal é "conversar", improvisar as palavras do coração para Deus. Após esse contato surge uma sensação tranquila, revelando que a prece foi ouvida, e algo se produz dentro de nós.

Ultimamente observo que há diferença entre reflexão e prece.

Fazer retrospectiva dos últimos fatos e suas atitudes, perceber pontos fracos e fortes diante da vida, aprender e decidir não mais incidir nos erros; tomar novas resoluções, propor metas a alcançar, fazer exercício de bem querer, tudo isso é muito bom, mas prece não é.

Tem gente que brevemente reflete na vida, às vezes dizendo: "Meu Deus, como pude fazer isso" ou "Onde Deus estava para acontecer aquilo", mas tudo é parte da tal reflexão. Não é por mencionar a palavra "Deus" que você está em prece.

Até acho que devemos refletir todos os dias, para não acumularmos dados e nossa conscientização expandir-se logo. Há quem só faz reflexão sobre a vida quando num leito de dor. Para que esperar isso? Vamos fazer uma retrospectiva todas as noites antes de dormir!

A prece, como recurso e instrumento de elevação, pode vir depois da reflexão. Pedintes humildes, suplicamos auxílio para atingirmos nossas metas de aperfeiçoamento espiritual.

Certo dia, ouvi alguém dizer que não faz prece porque tem vergonha de Deus; que fica esperando estar mais sóbrio, mas essa hora nunca chega, e que gostaria de não beber tanto, ter alguma paz para então falar com Deus.

"Ora, ora, meu amigo" – eu lhe disse – "você está perdendo tempo! Essa paz que procuramos, essa sobriedade que queremos, esse recolhimento d'alma sincera, destemida e confiante vem da própria prece dirigida a Deus".

Agora sobre prece longa. Nossa capacidade de concentração é pouquinho maior do que a de uma criança. Observe, quando você passa um "sermão" com a sincera pretensão de educar, por quantos minutos a criança consegue prestar atenção e observar o que você diz. Por um, no máximo dois minutos. Depois seu olhar se desvia, a atenção vai em outra direção e nós compreendemos que criança é assim mesmo, não consegue concentrar-se por muito tempo no que o adulto diz.

A prece proferida para que outra pessoa acompanhe deve ser breve, porque somos ainda crianças na arte de nos concentrarmos. Com vontade e energia podemos colocar em foco o que sentimos e queremos no máximo em três minutos. Num tempo maior a alma viaja, volta a concentrar-se na prece, depois viaja mentalmente outra vez...

Quando sozinhos, o valor da prece não é por muito falar com Deus, mas pela intenção, empenho e principalmente pela humildade. Basta nos sentirmos criança diante dessa força soberana, que chamamos de Deus e que Jesus nos ensinou a chamar de Pai.

Podemos buscar aprender sobre as leis de Deus e os ensinamentos de Jesus numa instituição religiosa; podemos em oração coletiva vibrar pela paz no mundo, em nossa família e em nós mesmos. Todavia a prece interior, individual, pode ser elevada a qualquer momento, em qualquer lugar, basta conduzir o pensamento em sintonia com o Alto.

Prece é fechar os olhos da matéria e abrir os do Espírito por alguns instantes. E com certeza teremos instantes não só para pedir auxílio, mas também para louvar a Deus quando reconhecemos sua sabedoria. E a prece é ainda oportunidade para agradecer à medida que nos conscientizamos de como somos protegidos, amados e auxiliados por Deus mesmo sem nunca ter pedido.

Mediunidade é faculdade inerente ao Espírito em qualquer plano. Todos são medianeiros, constantemente transmitindo não só o que lhes é próprio mas também as influências que recebem. E prece é o instrumento que apura essa percepção.

Nas minhas preces agradeço muito por estar onde me encontro na espiritualidade, cercado de amigos afins, que veem com alegria o meu progresso. Reconheço a sabedoria de Deus em dar-me só agora tal possibilidade de aprendizado, pois antes eu não tinha maturidade do senso moral que venho conquistando pouco a pouco. E peço a Deus que possa ser útil escrevendo para esclarecer e ajudar aos que se encontram na vida terrena de onde vim.

Anteriormente, meu primeiro pensamento: "não devo somente ser feliz aqui sem olhar para trás nem fazer alguma coisa"; atualmente, a verdade está me mostrando que não devo perder tempo em olhar para trás para ver o que já fiz ou fizeram. Alegre e confiante trabalho no presente para um futuro melhor, no qual poderei estar inserido com a bênção da reencarnação.

Quando pude passar às mãos de Olavo o que venho escrevendo, mesmo antes de ler, ele chamou-me a atenção:

— George, meu amigo, você tem noção do que é publicar um livro desta feita, um livro espírita?

— Sim, Olavo, algo diferente, o autor é invisível - sorri.

— Cada leitor pode entrar em sintonia com você...

— É isso que quero!

— Quando o leitor vai dormir, ou seja, enquanto seu corpo repousa, vocês poderão conversar.

— Ótimo. Todavia, somente quando o leitor reflete e quer uma mudança, não?

— É claro, sem interesse ou vontade não há sintonia.

— Olavo, sei que posso conseguir a aprovação da Espiritualidade, porém não a publicação na vida terrena.

— Há médium que transcreve uma obra e somente consegue publicá-la dez anos depois.

— Por que isso?

— A realidade terrena é difícil de ser acompanhada. O grupo editorial terreno pode gostar do material, mas sabe que vai ficar encalhado sem ser lido.

— É preciso saber qual o momento de publicar?

— Não se preocupe com a publicação. Sua tarefa é escrever e começar a visitar alguns grupos à disposição de escrever mensagens do além, até que você consiga afinidade espiritual com alguém para seu trabalho.

— Parece que hoje em dia há muitos médiuns psicógrafos encarnados, observei isso ultimamente.

— Você vai encontrar dificuldade de algum médium aceitar psicografar sobre arte.

— Pelo que tenho visto, há médiuns transmitindo conhecimentos, interpretações dos ensinamentos de Jesus, mensagens que auxiliam na reflexão para reforma íntima, dramas de uma ou mais vidas que ilustram o funcionamento das leis divinas, entretanto eu venho querer falar de arte! – fiquei aturdido.

— Porque com a arte podemos falar de tudo que está sendo apresentado na literatura, que muita gente ainda não lê. Há aqueles que leem, mas ainda não compreendem bem – Olavo tranquilizava-me.

— O teatro pode filtrar, sintetizar e mostrar de maneira cristalina as verdades que o homem precisa conhecer e que hão de modificar sua vida para melhor! – agora estava bem claro para mim.

— Uma apresentação artística a pretexto de distração pega o pessoal desbloqueado, desamarrado e destrava-lhe a comporta da alma! – Olavo sorria.

— Vou buscar um artista-médium! – exclamei encontrando a chave de entrada.

— Você vai procurar uma alma que compreenda seu empenho e que ame a arte, George. Não importa se o médium vivencia ou não o mundo da arte.

— Olavo, qual o maior obstáculo para que eu consiga um médium interessado?

— No nosso caso, a descrença. O médium deve abrir o coração a ideias e sentimentos novos, para não cortar transmissões telepáticas pensando tratar-se de tema não condizente com o momento. Ele precisa acreditar em você.

— Deus me ajude a encontrar a pessoa certa! - desejei ardentemente.

— Você utilizará um instrumento humano, logo a sintonia não é sempre a mesma, o trabalho sofre interferências.

— E como seria essa interferência?

— O médium num dia está sereno e contente com o trabalho de escrever, em outro está triste com preocupações no lar, sentimentos em desalinho, o que dificulta a sintonia com você. Ele às vezes não transcreve com exatidão o que você quer dizer. Expressa seu recado, porém não todos os argumentos. Há casos em que o médium acrescenta sua própria ideia e pode fugir um pouco do que você queria dizer.

— Assim o trabalho fica mutilado - falei impaciente.

— Depende do empenho. Durante muitas revisões você pode interferir e corrigir a tempo. A revisão editorial também ajuda quando a equipe consegue sintonia com o autor espiritual e apresenta contribuições que se aproximam do que ele quer.

— Preciso de uma equipe de trabalho afinada! - exclamei ao mesmo tempo reconhecendo que ninguém faz tudo sozinho.

— Tudo a favor do leitor.

— Então, médium com mais conhecimento é instrumento melhor, não?

— Conhecimento ajuda sempre, todavia mediunidade é amor. Não basta ser instrumento afinado tão somente. Entre uma pessoa bondosa e um médium, é preferível uma pessoa bondosa. O amor é tudo. É o segredo da nossa evolução, da nossa felicidade. Em síntese, tudo que Jesus disse resume-se no amor.

— Olavo, querido, preciso de suas orientações sobre o que ando escrevendo...

— Vou ler o material com carinho, George.

Intercâmbio Espiritual

11

Estive em grupos mediúnicos em que servidores voluntários estavam aptos para breve intercâmbio espiritual de consolação aos que sofrem ou de incentivo à continuidade da tarefa do bem.

Para registrar mensagem mais longa, um livro, tive de dirigir-me aos já escritores de livros.

Espírito, invisível e intocável para os leitores, como eu, não pode assumir a responsabilidade do conteúdo de uma obra; a responsabilidade é exclusiva do médium, ou seja, do escritor.

Para divulgação do conhecimento sobre a imortalidade do Espírito, há mais de um século as obras espíritas trazem o nome do autor espiritual e o do médium, instrumento ou aparelho mecânico que lhe serviu.

Mediunidade também evolui. Antes o Espírito precisava mover, interferir na mão do médium para escrever mensagem. Hoje não, pois com a aquiescência do médium, o Espírito interfere diretamente no seu psiquismo. Ambos permutam impressões que ajudam a organizar, raciocinar com antecedência.

Ambos escrevem juntos em concordância entre si. O trabalho não se completaria sem um dos autores; bastaria um deles discordar para que a ideia se perdesse.

Há muitos escritores recebendo influência espiritual em seus trabalhos sem, no entanto, assumirem isso, ou mesmo desconhecendo sua própria capacidade de percepção espiritual. Isto contribui para que a obra seja pública e não restrita aos adeptos do Espiritismo.

Não sei se por descrença ou por vaidade, mas os médiuns querem logo saber quem está enviando a mensagem. Como sou desconhecido no meio literário espírita e não tenho intenção de identificar-me pelo sobrenome que sustentava três séculos atrás, pois importa é quem sou hoje, fui, mentalmente, ficando de lado.

Quero deixar claro que não sou Espírito de escol que reencarna de tempo em tempo para uma existência missionária. Em torno de três séculos não tenho na vida terrena a experiência de provas redentoras para meu progresso. Tive reencarnações breves, com mortes prematuras para o cadinho de expiações necessárias.

Certo dia, desejando reencarnar logo para que pudesse diretamente viabilizar minhas ideias no campo da arte, encontrei novamente o frei português, que me auxiliou há uns anos.

Depois de carinhoso abraço e atualizando nossa conversa, ele disse:

— Então você gosta muito de escrever!

— Principalmente agora, que estou no meu *habitat artístico* – argui com entusiasmo.

— Aquele primeiro livro que você escreveu do lado de cá, eu o li – afirmou o meu amigo.

— Ah! Foi numa época de burilamento espiritual, quando por meio do conhecimento sobre a trajetória espiritual de uma pessoa e seus relacionamentos afetivos, pude refletir e aprender também.

— Você ainda não conseguiu publicá-lo na vida terrena?

— Não. Aprendo que a oportunidade de encontrar um médium tarda, mas um dia chega. Difícil é acreditar nisso! – exclamei comovido e desajeitado.

— Quero que conheça minha querida tutelada que se esforça em disciplina e dedicação para "escrevinhar" mensagens do além-túmulo. Ela faz exercício de psicografia há alguns anos. Você e ela talvez possam debutar na arte de escrever um livro, pois não?

— Esse material sobre arte...

— Não, meu querido. Falo sobre o material que já está pronto, revisado e aprovado.

— Sim, padre.

— Você poderá acompanhar a vida dela, seus pensamentos, sentimentos e tarefas. Ela não é perfeita, você vai conhecer suas tribulações e desafios que enfrenta para ser uma pessoa melhor do que foi antes.

— Estou muito interessado, Deus me ajude! – exclamei esperançoso.

Depois de alguns meses, sempre na companhia de seu mentor, quando se dedicava a receber mensagens, observei que às vezes ela escrevia e chorava juntamente com o Espírito comunicante, verdadeiramente colocando-se no lugar dele, seja na saudade, no sofrimento, na advertência carinhosa.

Desejei muito fazer uma primeira comunicação, que saiu de improviso, simplesmente emoção e objetivo, registrada em sua recepção sensitiva assim:

Querida irmãzinha, vejo como é difícil encontrar sintonia adequada para que nós, do lado de cá da vida, possamos transmitir alguma mensagem. No entanto, foi-me dada a honra de lhe falar e o faço com contentamento.

Parti da vida terrena faz longo tempo, perdi as esperanças de escrever a alguém na terra. Já se encontram na espiritualidade todos que naquele tempo deixei.

Hoje trabalho, estudo e estou muito feliz onde me encontro. Tive a pretensão de escrever, somente para sentir esse contato. É muito agradável, porém difícil.

Você tem as condições ideais para uma parceria, para escrever um livro. Gostaria de fazê-lo com você sem afetações, porque seria minha primeira tentativa neste campo.

Sobre o tema conversaremos depois, durante seu repouso físico.

Compreendo a dificuldade, seremos auxiliados, não tenha dúvida.

Com o coração cheinho de esperanças, simplesmente, até logo.

Ao término da mensagem, escrita a mão, num só rápido impulso ela sentiu um vazio, mas mentalmente não quis saber meu nome. Eu afirmei: Bernard. Ela entendeu Bernardo, nome de um cachorro que conhecia, e considerou que poderia ser interferência própria.

Senti seu contentamento passageiro, mas ela optou por esperar uma confirmação, ou seja, a verdade aparece de várias formas.

Um mês depois começamos a escrever, uma vez por semana durante duas horas, e depois de longo tempo o livro ficou pronto.

Quando sentiu que aquela fase do trabalho estava terminada, isto é, já enviado o livro a uma editora para apreciação, ela se dispôs a receber uma orientação de seu mentor, dizendo:

"Filha, naquele ano somente vim em seu auxílio dizer-lhe que você estava em condições para tal empreitada. Você também aprende e certamente estará a contento para novo trabalho, que certamente dependerá de sua vontade e escolha. Ouça o que Bernard quer lhe dizer".

Passando agora a registrar minha presença eu lhe disse:

"Irmã, estou fazendo o possível para controlar minha alegria pelo novo trabalho que faremos juntos. Poderemos apresentar outro tema, no mesmo estilo e teor vibratório que há em nossas comunicações.

Sim, minha irmã, para nossa alegria vamos escrever sobre arte espiritual. Algo agradável para ler e imaginar sua representação. Descrições são mínimas, para dar ensejo à criatividade. Tudo é questão de visão, sentimento, união e criatividade. Basta seguir o preceito: fervor, clareza, objetividade.

Você terá oportunidade de em desdobramento participar, ver para ter ideia do que escrever depois. Prepare-se melhor antes de dormir, roguemos a Deus para que seja amparada durante o descanso do corpo e nenhuma interferência a desvie do objetivo de estarmos juntos no mesmo intento.

Seu preparo será o melhor trabalho, porque no entusiasmo a transcrição do que se tem certeza de escrever será até mesmo rápida.

O trabalho anterior se alongou, justamente quando, a pretexto de não interferir, você se desligava de todo, somente religando ideias e pensamentos quando voltava a escrever. Devido à sua 'ausência', tendo que reler a parte escrita para em seguida dar continuidade, ficava mais demorado e rendia menos dentro do tempo previsto.

Preparando-se melhor espiritualmente, poderá obter um frêmito de escrever logo o que lhe povoa a mente e descarregar no papel tudo o que se acumulou durante a noite. Espero que compreenda, o trabalho pede mais dedicação, é verdade, mas também lhe devolverá maior rendimento em menor tempo e mais alegrias em nossas realizações.

Como se preparar? Ler proporciona descanso mental limpando a cabeça das negati-

vidades que a rodeiam. Farei o possível para que a leitura produza um ponto magnético que a traga para mim, conectando-a aos nossos objetivos. Procure boas obras e deixe comigo e com meus amigos a melhor maneira de conduzi-la. Ler também lhe dará uma ideia agora diferente deste mundo do escritor.

Você pode continuar com suas tarefas intelectuais, porque sei que tem ideias universalistas que muito admiro. Não mais que isso, só para não se cansar e atender melhor às famílias física e espiritual em seus labores.

Não se preocupe com o resultado das avaliações sobre o que faz, na hora certa alguém vai ler, e essa é a finalidade.

Gosto de lhe falar e o fazemos quando você está fora do corpo; se assim não fosse, você não teria persistido. Falo de maneira sutil durante todo o trabalho, minha querida, mas não esqueçamos que estamos em dimensões diferentes, com interferências constantes na comunicação, não é mesmo? A ligação às vezes é boa, outras nem tanto. Importa que nos procuremos e com certeza vamos nos comunicar, nossos corações batendo na mesma sintonia.

Começaremos amanhã sem dúvidas, preocupações, hesitações. Primeiramente busque amar-se, viver bem, ler tranquilamente, dormir quando vem o sono, orar sempre; nada comente do que fazemos, porque isso provoca ansiedade, e quanto mais ansiedade, mais ansiedade vem, impedindo-lhe de desvencilhar-se desse mal.

Quando nos expomos, sofremos interferência do meio espiritual que ouve e forma opinião sem inteiro conhecimento de causa. Silêncio é proteção, e prece a nutrição do nosso trabalho.

Amiga, trabalhe tranquila, confiante, com alegria de ser útil como você sempre quis ser; este é um trabalho que poucos são capazes de realizar, porque é demorado, profundo, difícil.

Sei que você gosta do que faz, eu também. Formamos uma dupla de amor que se estende com nosso esforço beneficiando outros, entende?

Arvorar-se em benfeitora no imediatismo que a vida exige, você já o fazia de vez em quando; agora é tempo de semear, aguar, esperar o crescimento de tudo que realiza. Deus nos auxilia, não faltará assistência de proteção e respaldo para nosso entendimento. Paz e Luz! Paz e Luz! Paz e Luz!".

Começamos no dia seguinte, dois dias por semana, depois três!

Apesar da relativa maior facilidade em estar consciente durante seu desdobramento espiritual à noite, ou seja, em ficar parcialmente a par do que lhe acontece na vida espiritual quando fora do corpo, ela, em relação a nosso trabalho, permanece inconsciente.

Embora queira registrar nossos diálogos, locais que visitamos, ensaios a que assistimos, tudo fica no sótão do seu superconsciente. Ela entreabre essa porta somente quando sobe as escadas da sensibilidade dos sentimentos.

O trabalho é hercúleo, porém espiritual. Intrigado com isso, fui até Olavo e lhe disse:

— Querido irmão, estou perplexo com o estado inconsciente da minha escritora!

— Você há de compreender isso, George. Que auxílio você traria a nossos irmãos, companheiros da arte, se você lhes desse tudo de mão beijada?

Quando não mais fosse permitido transmitir o que fazer, eles ficariam abandonados como filhos que perdem o pai.

— Se não lhes dou ideia sobre a evolução da arte, o que lhes darei?

— A evolução de si mesmos dentro da arte, George!

Fiquei subitamente emocionado.

Se estivesse vivendo na terra, o que eu gostaria de receber? Seria o privilégio de um Espírito me auxiliando como uma muleta para eu andar? Não me sentiria incapaz se depois perdesse tal auxílio? Com certeza sei que eu gostaria de aprender muito até não precisar mais do meu instrutor espiritual.

Vendo que eu estava pensativo, Olavo acrescentou:

— Como você diz, George, sem estudo, reflexão, mudança, determinação, ninguém sai da periferia das emoções que, potencializadas, se tornam energia criativa.

— O homem emocionalmente forma um quadro de perturbações repetitivas, superficiais, o que é cansativo e improdutivo - expus com conhecimento de causa.

— É preciso vivenciar o sentimento com as asas da emoção e da sensatez, para que a criatividade seja consistente, inédita.

— Vejo que emoção e sentimento são confundidos pelo homem - observei.

— No primitivismo, o homem era só emoção, energia criativa, contribuindo para sua autodefesa e sobrevivência. Hoje, essa energia, acrescida dos sentimentos bons do homem que evolui, faz o bem à sua volta.

— Hoje em dia ouço aqui muito falarem sobre a necessidade de controle emocional e aumento da capacidade de amar mais a si próprio e ao próximo.

— É solicitado que haja controle emocional, ou retenção da energia criativa enquanto o homem não adquire bons sentimentos. Associado a emoções, um sentimento não condizente com o bem pode culminar em completa ausência do bem.

— O homem pode soltar toda sua emoção, se pautada totalmente no bem?

— Poderia.

— Como, "poderia"?

— No atual grau evolutivo, ainda não sabemos avaliar nossos sentimentos. Podemos considerá-lo bom e, no entanto, o sentimento estar minado de inferioridades que mal conseguimos perceber.

— Daí a advertência sobre o controle das emoções!

— Para o engano não se tornar maior?!

— Claro!

— Quanto mais cresce o sentimento nobre **amor**, maior a emoção - **criatividade** - e mais a sensatez é solicitada.

— O que seria uma pessoa só com amor, sem criatividade nem sensatez? - comecei a filosofar.

— Uma luz que ainda não ilumina...

Fábrica de Pensamentos

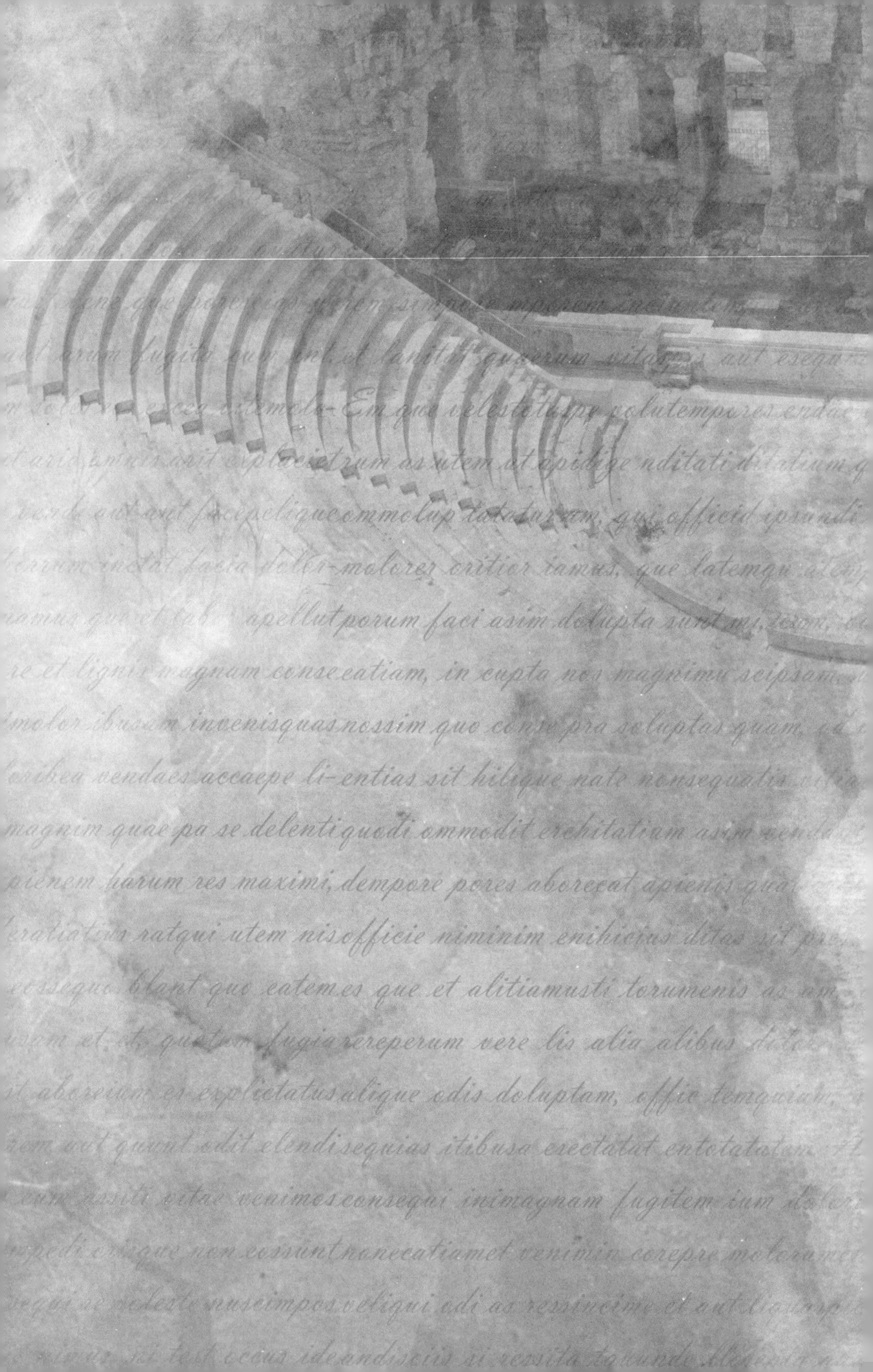

12

A apresentação pública de qualquer trabalho artístico deve ser obra de criatividade, beleza e harmonia, mensagem de reflexão e burilamento de alta influência em cada Espírito.

Tudo que se torna público tem maior conotação de forças fluídicas em movimento interferindo nos pensamentos.

Cada Espírito é uma fábrica de pensamentos. Se na praça há determinado pensamento que não há em sua própria fábrica, ele pode chegar primeiramente até a "sala de visitas" de sua fábrica.

Nessa entrevista entre pessoa e novo pensamento, geralmente no nível evolutivo onde nos encontramos, o ser humano pode agir de três modos:

a) Admite logo o novo pensamento para trabalhar em sua fábrica mental.

b) Contrata-o mentalmente em caráter experimental e temporário para observação.

c) Rejeita o novo pensamento, porque em sua fábrica é proibida a entrada de estranhos.

A atitude espiritual mais frequente dos brasileiros, porque cada povo tem seu próprio temperamento, é do item B. Por isso desejei falar a esse povo com maior abertura espiritual, possibilitando sempre um contato antes de rejeitar o pensamento.

Transtornos dentro da fábrica de pensamentos são muitos, pois velhos pensamentos insistentemente atrapalham o desempenho dos novos.

Longe de mim dizer que velhos pensamentos não foram bons, mas às vezes o velho vem travestido de novo e ainda gera muita confusão. Não me refiro à idade cronológica dos artistas, mas a ortodoxos conservadores. É impossível meus colegas não saberem sobre o que estou falando!

Embora diga que bom relacionamento entre artistas de todas as áreas é sumamente favorável, há **risco** de interferências verbais que mais prejudicam do que ajudam.

Quando o grupo se reúne para elaboração do projeto ou avaliação dos ensaios, é imprescindível a contenção dos impulsos para que, em tempo hábil, cada um exponha por inteiro sua contribuição.

Essa disciplina e vontade facilitam a nós, do lado de cá, a darmos também nossa contribuição.

Eu mesmo tenho de conter meus impulsos para não me manifestar a ouvidos espirituais antes da hora. Devo respeitar a criatividade e o livre-arbítrio do encarnado.

Quando há ambiente sereno e um respeita o trabalho do outro, a possibilidade de sintonia psíquica entre indivíduos de diferentes dimensões espirituais resulta em proveitosa inspiração.

Essa conhecida inspiração flui e encaixa magneticamente naquilo que já se tem em vista, porém com mais lucidez e visualização sobre o que se quer.

Por exemplo, uma pessoa vai expor uma ideia mas, à medida que fala, ouve a própria voz, concatena melhor o raciocínio e passa para o grupo até mesmo o que não havia pensado antes, porém ainda dentro da ideia inicial. E enquanto expressa verbalmente, ao mesmo tempo visualiza e sente como mentalmente pronta parte do seu raciocínio.

Acho que já deu para perceber que inspiração não é ficar saltando de uma ideia para outra, enlouquecendo o grupo!

Reuniões de grupo teatral deveriam ser sempre de manhã bem cedo, quando o homem desperta na vida terrena trazendo fresquinhas, pelo canal da intuição, as lembranças de sua saída espiritual noturna.

Vamos por enquanto entender assim: na inspiração o homem recebe a ideia de um Espírito; na intuição a ideia é sua mesmo.

O ser humano é Espírito milenar. Recebe não só lembranças recentes, impressões adquiridas consciente ou inconscientemente no decorrer do desdobramento espiritual, mas também guarda sentimentos e emoções experimentados na pluralidade de existências passadas.

Intuição é ideia que surge naturalmente sem interferências alheias. Todavia, depois, o raciocínio próprio ou alheio com questionamentos pode alterar a ideia inicial. Nesse ponto nos é permitido "entrar" para auxiliar a título de inspiração, porém a decisão deve ser do grupo.

É claro que intuição e inspiração se confundem e isso é natural dentro da fábrica de pensamentos, ainda em nível primitivo do psiquismo humano. Na verdade, trata-se de burilamento para futuro desenvolvimento telepático.

Parece que telepatia é fenômeno psíquico muito distante da civilização terrena, porém não é, não.

Muitas pessoas já se surpreendem com eventuais transmissões de pensamento. Por exemplo, você está pensando em alguém e ele telefona ou faz uma visita inesperada. Outros exemplos poderiam ser citados, bastando pequeno estímulo para que a telepatia se desenvolva no ser de maneira natural.

Todos os fenômenos psíquicos são baseados na sensibilidade espiritual do indivíduo. Candidatos com base de sensibilidade são os chamados médiuns. Mesmo desconhecedores do que seja mediunidade, podem ter sensibilidade um pouco além do que as pessoas consideradas "normais".

A sensibilidade evolui e haverá um dia em que a comunicação telepática será de uso frequente, assim como o fazem com o telefone celular a qualquer hora e em qualquer lugar.

Embora eu lance mão da telepatia com a escritora, não sou mestre no assunto e entidades superiores nos instruem.

Sei que posso ajudar a esclarecer o assunto, porque o tema já deveria ter sido popularmente abordado, facilitando mentalmente os terráqueos. Isso não aconteceu ainda porque as experiências são fechadas na área denominada parapsicologia.

Pesquisas e experiências abertas somente para restrita elite de estudiosos podem ficar engessadas durante decênios.

Quando um conhecimento é disponibilizado ao povo, este revela seu próprio grau evolutivo. E, em contrapartida, não mais as acanhadas respostas aos pesquisadores, pois muitas começam a fluir e convidá-los a reflexões mais profundas, com abertura para pensamentos novos e conhecimento maior.

Como o telefone celular que elimina a distância, um fala ao ouvido do outro, assim é a comunicação telepática. Não importa se a pessoa com quem você fala por meio do aparelhinho está atrás de você ou quilometricamente distante.

Primeira conscientização: distância é ilusão!

Pensamos que distância é realidade quando encapsulados na carne, quando encarnados. Por exemplo, acontece de você estar em uma edificação e o celular não pega, então você sai e fica falando no jardim. Você teve momentânea sensação de distância, mas bastou conseguir a "ligação" e adeus distância, a sensação foi embora.

Telepatia é fazer ligação mental, distância não existe!

Quanto mais aceitamos a impressão de distância, fortalecendo-a em nós, mais difícil fica a sintonia espiritual.

Só um exemplo. Uma pessoa às vezes diz para si mesma: "Quando eu encontrar fulano, vou dizer que aquela irritação que ele me mostrou no seu couro cabeludo pode ser consequência do sal contido nos xampus. Há xampus sem sal e ele poderia experimentar, talvez possa melhorar. Ele mesmo disse, certa vez, que a pele de seus dedos, entrando em contato com o sal quando vai temperar algo, fica irritada com descamação".

Por que não transmitir essa mensagem agora? Fale agora com ele, mentalmente!

É claro que ele pode não recepcionar telepaticamente sua mensagem e você terá que usar outro recurso de comunicação, mas exercite a transmissão telepática, deixe essa mensagem ir primeiro.

Segunda conscientização: transmissão de imagem e emoção!

Assim como em qualquer conversação há muitas maneiras de se falar, em telepatia é preciso saber transmitir.

A mensagem que você pensou em falar teria que ser dita pela boca mesmo. A mente não articula palavras. Observe o que você pensa: são imagens!

Dentro do mesmo exemplo citado, a mensagem telepática poderia ser enviada, assim: Mentalize o xampu, a forma e cor da embalagem, tipo de letra da marca do produto; e onde está escrito **sem sal** você se dedica a iluminar essas duas palavras (mensagem alvo), até mesmo fazendo-as piscar como um logotipo aceso em neon. Mais detalhes, como o cheiro, o tato, também ajudam a texturizar a forma-pensamento.

Essa mentalização não pode durar mais do que um minuto, para que você não retenha a mensagem consigo. Depois de mentalizar o quadro o mais claro possível, você suspende a atividade, não pensando mais nisso, o que realmente a envia.

Terceira conscientização: telepatia é treinamento!

Pessoa comunicativa é quem treinou a arte de falar, não só numa vida, estudando a reação dos outros, para que sua mensagem seja clara, compreensível e principalmente aceita.

Ninguém vai com meia-dúzia de tentativas de transmissão telepática constatar o efeito. O treinamento pode ser com todos os amigos até que você perceba quais apresentam maior afinidade psíquica. Depois, com os mais receptivos o treinamento pode ser intensificado e satisfatório.

Esse intercâmbio telepático pode ser de Espírito encarnado para encarnado, de desencarnado para encarnado ou o inverso e de desencarnado para desencarnado.

Intercâmbios psíquicos denominados psicofonia e psicografia estão inseridos em método mais efetivo de treinamento.

Voltando ao xampu do fulano. Mesmo que mentalmente você visualize alguém falando, o que impressiona os sentidos não são as palavras expressas, mas acima de tudo a energia, o sentimento, a emoção contidos na mensagem.

Essas formas-pensamento são carregadas de sentimento, saudável ou não. No exemplo citado há sentimento de bem-querer, amizade e atenção.

Quarta conscientização: criatividade, é preciso emoção!

A imaginação, a criatividade promove a emoção. A emoção dá impulso à frequência de ondas do pensamento. As ondas em vibração irradiam e chegam ao destino, ao indivíduo receptor da mensagem.

Imaginá-lo alcançando essa alternativa, que você acredita e espera seja muito boa, é o que de fato envia a mensagem telepática.

O receptor telepático pode aceitar melhor a mensagem quando se encontra física e mentalmente relaxado. Vem em sua mente sensação súbita, que pode ocorrer logo após a transmissão ou horas depois, e que surge de modo diferente a cada um. Posso dizer que duas pessoas não recebem uma mensagem com a mesma exatidão.

Se a mensagem telepática se refere a alguém, é mais fácil ao receptor perceber a imagem; quando se refere ao próprio, fica mais difícil discernir porque ele precisa nutrir um sentimento.

No exemplo citado, fulano pode sentir-se invadido por uma esperança de cura, sem, no entanto, precisar como isso poderia acontecer. Em seus questionamentos íntimos, ele pode pensar mil coisas, e a mensagem telepática ficaria misturada nessas mil coisas. Sem capacidade de discernimento, a recepção telepática resta incompleta.

O ideal é que o receptor deixe que o sentimento de esperança reine em seu coração sem qualquer questionamento, e queira serenamente fechar os olhos para ver a esperança tomando forma. O receptor pode abrir-se para imagens novas, e sentir mais do que entender: só assim a mensagem telepática é passada por inteiro.

Enquanto alguns conseguem registrar suas percepções verbalmente, outros o fazem melhor escrevendo.

Essa abertura para ideias e imagens novas é requisito muito importante. Facilita, ao menos para mim, acrescentar outro recurso: fazer o receptor deparar com algo semelhante à imagem telepática, mas agora materialmente!

Vejamos, o fulano do exemplo pode prestar mais atenção ao xampu que usa habitualmente e questionar por que o usa, reler seu rótulo, querer buscar um outro talvez melhor. A imagem telepática compete com a imagem material e surge nova ideia!

Quando ele for escolher dentre muitos produtos um outro xampu, adivinhe qual vai comprar? Aquele da mensagem telepática já em seu arquivo mental, mesmo que até aquele momento ele não tivesse tomado consciência.

O tempo entre a transmissão da mensagem e o resultado pode corresponder a semanas, porque alguém pode ter vontade de comprar xampu, mas adia tal tarefa para quando tiver tempo ou para quando tiver que fazer outras comprinhas. Pode também deixar de lado, porque não faz parte de suas prioridades ou ainda a mensagem recebida não foi aceita.

Não quis dar exemplo em nossa área, justamente para não padronizar o que seja mensagem telepática, mas também não estou fazendo propaganda comercial, afinal não uso e não posso avaliar nenhum tipo de xampu. Peguei a esmo qualquer coisa só para ilustrar o assunto. A comunicação telepática é livre, porque lida com sentimento, imaginação, emoção.

No teatro você gostaria de experimentar diferente interpretação de um personagem, mas o personagem não é seu. Gostaria de ajudar. Não querendo interferir, ocupar o tempo ou mesmo contrariar, você sossega e torce pelo companheiro no ensaio.

O sentimento benéfico pela causa, pelo grupo, pelo companheiro pode mover sua capacidade telepática. Então você imagina uma cena melhor, não fala, só imagina. Desenvolve emoção inédita, criativa, que vibra no ar, e o companheiro a recepciona ardorosamente, enriquecendo o personagem. Sua mensagem telepática se materializa!

Telepatia é educação do foco emocional. Um grupo teatral bem sintonizado pode trocar mensagens telepáticas de visualização de cenas com carga emotiva, porque é com isso que o teatro trabalha.

Pode também abrir-se para ideias novas, observando tudo à sua volta, sempre cogitando que se algo lhe toma a atenção, mesmo que por um minuto, isso pode não ser por acaso.

Buscar momento de privacidade, oração, relaxamento físico, respiração profunda, ajuda muito na transmissão ou recepção de uma mensagem mentalmente completa e lindamente carregada de emoção.

Aprendizado de vida, filosofia, religião, ciência ou ainda com tudo isso junto, podemos fazer teatro.

Quando menciono a importância da religião, estou falando do sentimento de religiosidade que nos liga ao Criador, nos faz reverenciar suas leis sábias e perfeitas, sem tomar partido de qualquer religião terrena, porque tal rotulamento restringiria o espetáculo a determinadas pessoas. Teatro é, no sentido real do termo, para o público.

Diálogo Fervoroso

13

Texturizar um pensamento, uma ideia, parece complicado, porém não é. O mais difícil é tomar a iniciativa.

Se o que falo é indiferente, como ajudar? Isto cabe em todas as circunstâncias da vida. O amigo, o filho que não ouve, não aceita conselho, impossibilita-nos ajudá-lo.

Há sempre a iniciativa interna e em seguida a externa. Vamos dar a mão a quem quer a nossa mão, não é mesmo?

Convocar pessoas como atores, pintores, dançarinos, escritores e demais envolvidos em arte, para dialogar, talvez até tomar decisões sobre pauta interessante, é iniciativa agradável, principalmente para conhecer os mais íntimos ideais alheios.

Apresentar no momento oportuno ideias e ideais, com a sinceridade de uma criança, a cabeça de um sonhador e o coração de um anjo mensageiro, lhe fará bem e despertará sentimentos altruístas nos colegas.

Presenteá-los com obras edificantes seria um mimo antecipadamente inspirado, cada qual recebendo o material necessário para não só ativar a criatividade em favor do público, mas também primeiramente em benefício de si mesmo.

Depois da iniciativa vem o empenho. Cada um além de empenhar-se em ler o livro dedicado, numa próxima reunião pode fazer uma síntese escrita ou falada para os companheiros, poupando tempo e enriquecendo os conhecimentos de todos.

Reunião regada a suco de frutas, chá, café, é mais saudável ao corpo e ao Espírito – já lhes falei sobre as companhias espirituais que atraímos.

Do combustível da iniciativa e do empenho surge a criatividade, como fogo aceso dentro do ser.

Aspirar à criatividade na discordância de ideias e omissão de esforço é colocar-se em vias de perturbação.

Criatividade é força interior que o homem precisa canalizar e torná-la útil a todos. Geralmente criatividade é como um rio que flui livre mas, porque em seu leito imprevidentes lançam detritos, ele se embrenha em desvios, ora chora, inunda e derruba tudo, causando aflição e sofrimento, ora seca não saciando a sede e a esperança dos outros.

Criatividade canalizada da nascente à foz é objetiva. Águas claras facilitam a lucidez. Corre serena, processando evolutivamente a vida. Não se cansa, trabalha sem parar, nem se importa muito com os resultados do que faz, sempre seguindo em frente.

Quando por concordância e disposição do grupo se visualiza o que se quer, passamos para o trabalho propriamente dito, a adaptação de textos e lapidação do conteúdo.

Vamos lembrar que diálogo fervoroso no momento certo pode ser mais importante do que um livro inteiro.

Primeiramente, ensinamos a criança a ler e somente mais tarde lhe indicamos uma variedade de leituras. A criatividade surge assim, quando você acha que já sabe, gradativamente surgem as ideias para enriquecer o trabalho. Se rígido, você não vai aceitá-las porque parece estar fora de hora, de contexto; se flexível, você vai reler o texto e verificar onde pode encaixar alguma contribuição ou até substituir um trecho.

Contar sempre com a apreciação do grupo em relação ao que você quer fazer denota sentimento de fraternidade e igualdade; facilita a liberdade de expressão e inspiração espiritual; afasta preconceitos, personalismos e arbitrariedades comprometedores.

Já pensaram que alguém pode com um gesto deletar o trabalho de grupo humano e espiritual, a pretexto de fazer melhor do que todos?

Também que uma pessoa pode ser capaz de fazer a cabeça de alguns e estes conseguirem seguir influenciando outros, e assim ser marcada uma época?

Para grandes mudanças, grandes homens, que principalmente tenham o bom senso de começar por pequenas mudanças olhando o lado certo do que pretendem atingir.

Sugerir, incentivar, admirar, compreender requer sutileza espiritual. Porém, o homem a substitui por polidez superficial que não perscruta o íntimo do outro. E sem esta sutil força propulsora de criatividade ninguém consegue dar o que tem, porque o próprio homem não acredita em si mesmo, nem em ninguém, e geralmente sua autoestima permanece baixa durante toda uma existência.

Cada um não conhece a si mesmo, nem suas potencialidades. O autoconhecimento pode ser impulsionado pelos companheiros, simplesmente acreditando que o outro é capaz.

Diálogo é conquista do homem civilizado. Seu mau uso traz transtornos espirituais e físicos. O bom uso do diálogo precisa ser exemplificado, para que as pessoas descubram o valioso instrumento da palavra.

A fábrica de pensamentos, ou casa mental, trabalha sem parar com todo tipo de pensamento. Pensamos nas ideias mais bizarras, em hipóteses absurdas, em tragédias fermentadas pelo medo. É processo de imagens em que sempre resulta um sentimento, como o de que você é incompreendido, injustiçado, incomodativo e que não é amado como gostaria de ser.

Nessa fábrica há sempre esse lixo mental descartável, mas o homem invigilante o conserva e utiliza para sua infelicidade.

A boca exterioriza o que vem da mente e do coração assim poluído, porque você infelizmente diz o que não é útil e, pior, o que polui o coração dos outros. E então você fica mal. Não queria mas já disse, e agora ninguém tira a grosseria, a cobrança, a crítica, o pré-julgamento, que ferem.

É preciso passar os pensamentos pelo **controle de qualidade,** o que significa não dizer tudo o que se pensa, pensar antes de dizer. Exercitar o sentimento doce, altruísta, elevado, sem julgar, colocar-se no lugar do outro, podendo ser sincero para incentivar e ajudar se possível.

Teatro não é só falar, mas passar a palavra com teor vibratório em que o sentimento pulsa, a expressão verbal é criativa, para exprimir a emoção com ardor. O diálogo fervoroso.

Deus me ajude a passar para vocês o que um teatro espiritual pode fazer: imagine apresentar um dialogo fervoroso e ao mesmo tempo aquilo que povoa a mente dos indivíduos que dialogam. Alguns se esforçam para controlar a qualidade do que dizem, outros extravasam em parte a perturbação mental, e outros ainda dão total vazão ao lixo mental.

O controle emocional, a postura de pensamentos positivos, o esforço para se desvencilhar do mal e manter o bem levam o indivíduo a sair vitorioso da peleja. Vale a pena, mesmo que seja preciso haver uma reviravolta na vida da pessoa.

Como é bom fazer teatro com a realidade do visível e do invisível! Somos Espíritos pensantes, sensíveis, com atributos invisíveis ao encarnado. Então ele não domina a realidade, está como cego tateando para enxergar sua vida.

Podemos aprender muito com a trajetória espiritual de um personagem, nos dois planos da vida. É pelo diálogo que obtemos a síntese.

Quando o espectador, após assistir o espetáculo, não tira da cabeça aquela frase, aquele diálogo, a dedução a que chegou, podemos afirmar que o trabalho atingiu o alvo.

Os trabalhos teatrais dos últimos tempos não apresentam as pérolas do diálogo. Com uma palavra na hora certa, a criatura pode exprimir toda sua ignorância durante séculos; com uma frase pode transformar sua trajetória de vida, seu destino; com um diálogo se pode salvar uma vida!

Seja a reunião que proponho uma estratégia de amor. Aquele que não pode ou não deseja comparecer deve ser compreendido, porque confiemos que, de modo espontâneo, as pessoas se reunirão naturalmente por afinidade na área, como também espiritualmente, não se tratando de evento social mas de vínculo espiritual ameno, agradável.

Após a reunião poucos retornarão, pela lei humana do menor esforço e falta de aptidão para a nova empreitada. O que importa não é a quantidade de interessados na arte espiritual mas a boa vontade, seriedade e abertura psíquica dos companheiros.

Trabalhadores de última hora poderão chegar! São os que não conseguiram em tempo se desvencilhar de impedimentos, mas lutam e chegam, embora atrasados. Muita paciência e carinho para a integração de novos companheiros, fazendo investimento pessoal valioso, porque ao menos um deles pode ter sido enviado graças ao nosso esforço do lado de cá, e como dependemos também da ação do próprio tutelado, atraso é risco difícil de se contornar.

Bem, passando para o foco do trabalho. Se algo ou alguém inesperadamente dispersa a atenção do grupo no trabalho, a contrariedade é balde de água fria apagando todo o esplendor da ação criativa. Então vigilância e cautela contra esse sentimento daninho é encarar qualquer imprevisto com naturalidade.

A naturalidade, em todas as questões, auxilia-nos a discernir se o imprevisto pode estar sendo permitido por Deus não como impedimento, mas como contribuição.

Peço-lhes abertura para relacionamentos novos! Não me cansarei de repetir isso, porque tal atitude não é só para solução de problemas, mas pode significar simplesmente a inexistência de problemas!

A palavra "problema" não pode existir para o artista! Tudo serve de aprendizado. Uma porta se fecha, outras se abrem, se você confiar que não está sozinho, souber o que quer, seguir em frente em suas propostas, dependendo de você mesmo escancarar as portas uma a uma.

A maior dificuldade para que o grupo de trabalho se mantenha unido é a língua! É isso mesmo, não tomem como advertência e sim como conselho amoroso, indicando não só como investir na arte, mas também no relacionamento.

Guardar no íntimo as impressões sobre uma pessoa é ético. O tempo pode mudar suas concepções e você se arrependeria de ter exposto os pensamentos e emoções passageiras. Tecer opiniões, julgamentos e análise comportamental sem que a pessoa mencionada esteja presente para argumentar, defender-se, esclarecer sua própria razão, pode ser imensa crueldade para com o outro. Se cada um se negar a ouvir qualquer maledicência, essa infelicidade intermitente vai diminuindo até que o mal seja cortado pela raiz.

Você pode até pensar que só ouvir ou mesmo falar uma coisinha só, cá entre mim e outro, não tem importância. No entanto, a língua tem um fermento que robustece um mal doentio, em que todos querem ter razão.

Lembremos que amor ao próximo é a chave de nossa felicidade. E silêncio favorece o respeito, o esquecimento, a paz e também a saúde.

Já vi muitas vezes alguém se afastar do trabalho, porque não só as asperezas da vida mas as vibrações dos colegas derrubam a criatura.

E ainda há casos em que o sujeito é colocado num leito de dor, em parada obrigatória para refletir um pouco e dar descanso à língua. Deus sabe o que faz!

A língua, esse instrumento orgânico, precisa ser mais bem trabalhado para transmitir emoções, vibrando as boas energias que se movimentam dentro dos seres. É preciso primeiramente ter humildade e coragem para admitir a necessidade de nova postura mental que viabilize o silêncio ou a palavra na hora certa e, sobretudo, ficar feliz com a nova atitude.

Quando houver um mal-entendido, porque pode haver em todos os relacionamentos, é preciso uma pessoa neutra, conciliadora e calma, para proporcionar aos companheiros envolvidos um confronto de amor: uma reunião privada entre os envolvidos. Esse mediador fica somente como controlador, para que haja respeito e paciência entre as pessoas.

Que cada um tenha a liberdade de abrir o coração expondo seus sentimentos, mágoa, raiva, choro e desaforo sem ser interrompido. Depois do silêncio, consultado se já desabafou e se poderia ouvir sem interferir, procede-se o mesmo com o outro envolvido.

O mal-entendido vai ficar visível, até mesmo uma banalidade pode ter detonado os sentimentos agressivos, que não fazem bem a ninguém.

A proposta de compreensão, paz e perdão tem de partir de alguém, e que tudo termine bem para a felicidade de todos. Mais uma vez, a importância do diálogo sincero, vibrante, sem rodeios, expandindo consciências.

Dizer sentindo cada palavra, e não jogá-las para tão somente ver a reação do outro. Mostrar-se espiritualmente por meio das palavras e não esconder-se atrás delas. É difícil, posso concordar, porém não é impossível.

Essa autenticidade imprime na própria individualidade incrível autoconhecimento sobre as próprias potencialidades e limitações.

Fé Racionada

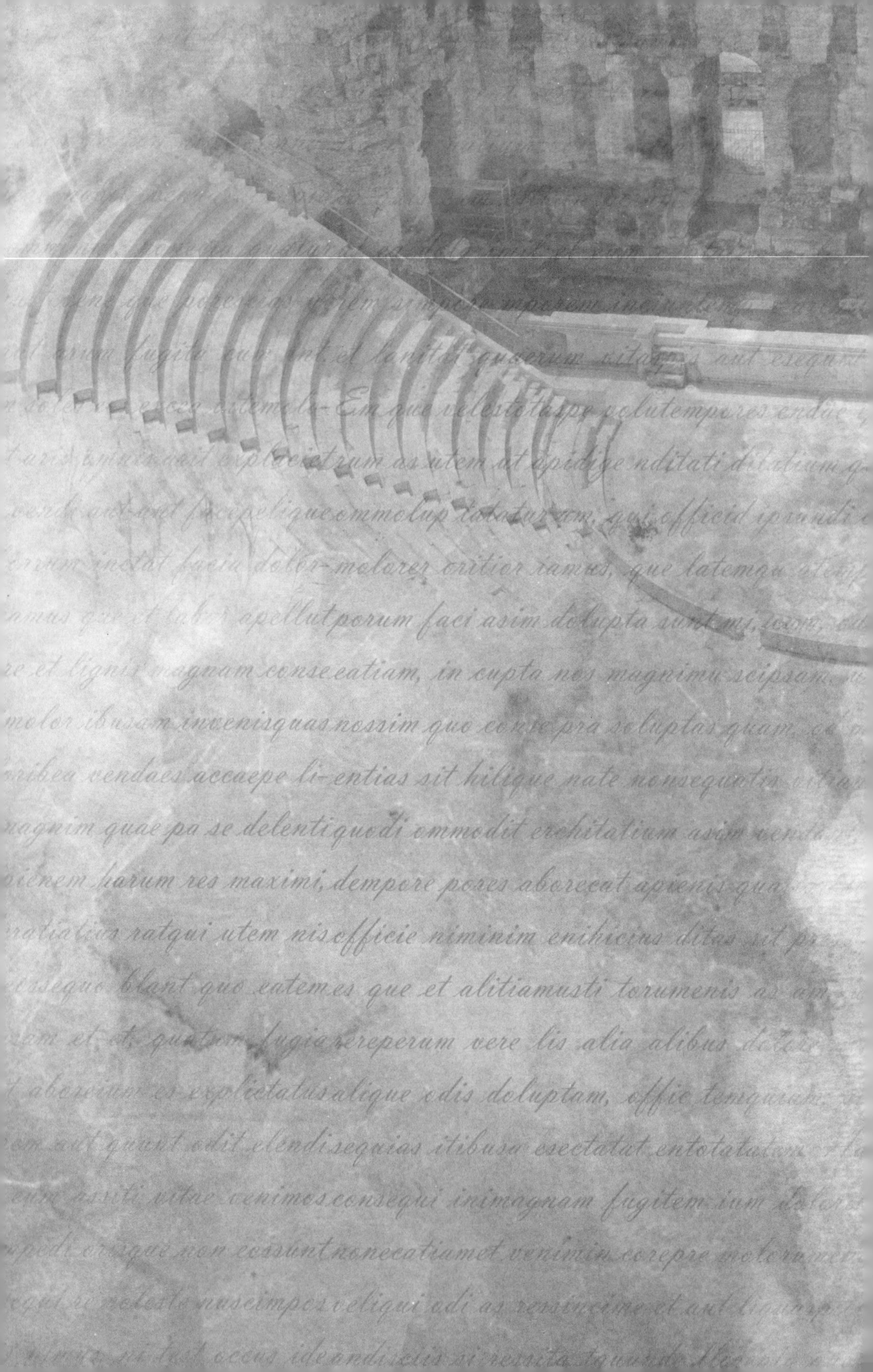

14

Um jardim magnífico rodeia o Solar das Artes, de maneira que de qualquer ponto em seu interior avistamos, no lado de fora, majestoso espetáculo da Natureza. Quando desejamos recolhimento espiritual, ou conversa amigável, o jardim é lugar convidativo.

Ultimamente, eu e Olavo, mais dialogamos sobre o que posso dizer-lhes ou não. Porque tenho vontade de lhes passar tudo o que venho aprendendo, achando que se é bom para mim, seria bom para o leitor.

No jardim, caminhávamos a passos lentos, porque lento era o meu raciocínio para entender o que Olavo pacientemente me dizia, sobre cortar um trecho deste livro com referência a uma ideia cósmica de Deus, em que eu situava a posição da humanidade, para que possamos desenvolver nossa fé.

Em resumo: Deus é poder criador na esfera absoluta, abstrata, uma vontade divina que emite ordem no sentido de que certas coisas se sucedam de determinada forma. Sua ação ininterrupta age no Espaço Infinito.

O Verbo de Deus mencionado no Evangelho deve ser interpretado não como palavra, mas pensamento divino. Esse poder criador, esse pensamento, é transmitido para inteligências divinas e Espíritos puros da esfera crística como agentes no plano da manifestação.

A criação objetiva, limitada, particularizada, só pode ser exercida por seres individualizados capazes de transformar o pensamento divino em algo material, concreto, palpável.

Enquanto Deus é integral, perfeito, infinito, os Espíritos prepostos para exercerem o poder são individualidades ascensionadas, já passaram em outros orbes planetários toda essa caminhada evolutiva que nós terráqueos, encarnados ou não, ainda percorremos em processo evolutivo.

Assim, há outros Cristos que envergam responsabilidade planetária, e aquele que governa nosso planeta desceu no plano da matéria em ciclos seletivos da humanidade e nesta última descida foi chamado de Jesus de Nazaré. Ele é o Mestre dos nossos mestres espirituais.

Observamos que do cosmo à superfície terrena há trabalho de equipes! Não mais podemos aceitar que uma pessoa sozinha, por mais conhecimento, altruísmo e ideal que tenha, se arvore em benfeitora até a falência de suas forças, extinguindo-se o trabalho com sua morte.

É preciso união, troca de experiências, divisão de responsabilidades, para formar uma equipe nos mesmos ideais. Delegar poderes para que o grupo funcione como majestosa orquestra afinada. E se um dos ativos componentes tiver que se ausentar, o trabalho continuará.

Nós, ainda imperfeitos, sujeitos a limitações e mudanças, podemos modestamente colaborar com benfeitores excelsos, que nos inspiram a sermos também instrumentos úteis, simplesmente fazendo todo o nosso melhor possível.

Seja nossa meta a própria ascensão espiritual, aprendendo a eliminar defeitos e conquistar qualidades para nos tornarmos instrumentos do bem, afinados com os benfeitores espirituais.

No entanto, os homens ignoram a presença, o auxílio, o amor que muitos Espíritos benfeitores, amigos, familiares lhes devotam, ficando estes impossibilitados de ajudar, sem o conhecimento e a boa vontade do tutelado.

No âmbito terreno vocês são legítimos representantes dos interesses da espiritualidade invisível sobre a terra. Precisamos de homens para modificação do ambiente terreno, que um dia encontraremos quando, por nossa vez, tivermos de reencarnar. E os homens precisam dos Espíritos benfeitores que, com sua visão espiritual, sem ilusões terrenas, recomendam caminhada evolutiva sem desvios no meio do caminho.

Não podemos crer em tudo que os olhos veem, nem descrer de tudo que não conseguimos enxergar. Muitos afirmam não terem fé, como se ela fosse algo inédito, desconhecido, misterioso e até inatingível.

Olavo esclarecia:

— Sua fé, meu querido George, pode ficar sem menção, porque fé não é falar o nome de Deus a todo instante. O comprometimento com a tarefa, a perseverança nos ideais, a confiança de que você individualmente contribui para o progresso evolutivo do ser, essa força que o torna arauto do amor de Deus é a fé propriamente dita!

— É mesmo, Olavo! Então todos os dias reforço minha fé no que faço e no que quero fazer!

— Todos os dias o homem reforça a fé, começando pela certeza de que se erguerá do leito amanhã e fará tudo o que ele tem em mente - Olavo retrucou.

— Quantos homens, observando aos outros, julgam a si próprios como homens de pouca fé - observei.

— Os homens de bem sabem ter fé no futuro independente dos outros, George; acham que são homens de pouca fé, diante da fé cega que de fato dispensam. Fé cega é a que foge da explicação lógica, não enfrenta a verdade, é enferma ou ignorante.

— Olavo, como o homem pode atingir essa fé raciocinada?

— Somente pelo próprio aperfeiçoamento. Há quatro vias de aperfeiçoamento: arte, filosofia, ciência e religião.

— E talvez uma via conduz o homem a outra, não? – deduzi logo.

— Deveria conduzir, entretanto ciência sem Deus, religião sem conhecimento, filosofia sem moral e arte sem espiritualidade estacionam o homem na sua caminhada evolutiva.

— Qual a melhor escola para esse aprendizado? – perguntei ansioso.

— A vida ensina a longo prazo. Depende muito do interesse, do livre-arbítrio de cada um. Quando o homem busca aprender em grupo de maneira disciplinada, escolhe uma a uma as vias que burilam o Espírito – Olavo falou pausadamente, em tom reflexivo.

— Não estou recomendando esta ou aquela religião aos leitores, eles são livres na escolha e mudança de religião, em busca de entendimento e harmonia interior. Não discuto nem quero tirar ninguém do próprio caminho. Sei que a religião do futuro será o Amor direcionando pensamentos, palavras e obras. Não posso deixar de observar que Allan Kardec, em suas obras, nos dá visão científica, filosófica e religiosa sobre leis divinas, ensinamentos cristãos e, ao mesmo tempo, revela a manifestação do Espírito na carne e em outra dimensão.

— Bagagem básica para a manifestação da arte espiritual! - sintetizou Olavo.

— Religião, nos moldes em que a conhecemos na vida terrena, é mesmo questão de opção. O homem naturalmente deveria ter a religiosidade que o sintoniza com o amor por tudo e todos.

— Quem diz que ama a Deus e não ama o próximo é mentiroso - Olavo foi categórico.

— A religião deve nos ensinar exatamente o que somos e o que valemos. Somente consegue isso quem é humilde e estudioso - falei, intrigado sobre os cultos religiosos que não cuidam das outras vias de aperfeiçoamento.

— Os seres da criação estão envoltos em luz e amor, basta o Espírito se elevar um pouquinho no grau evolutivo para apreender os bens que estão ao seu alcance - disse Olavo contemplativo.

— Olavo, por que não houve uma conscientização sobre arte espiritual há mais tempo?

— Agora o homem está em condições psíquicas para visualizar o que estamos falando.

— No teatro acho que eram aguardados o aprimoramento artístico na capacidade de interpretação e representação dos personagens mais o progresso tecnológico - opinei, interferindo, mas ele continuou.

— E a verdade aparece em todos os cantos do mundo, porque Deus não concede privilégios, o que seria injusto.

— Há Espíritos que aprenderam na erraticidade muito do que hoje desejamos que seja veiculado pela arte espiritual. Entretanto, ao reencarnar eles encontram o mundo tão áspero nas lutas, endurecido de coração, "normal" de imoralidade, que, sem forças, são levados a imitar os outros - expus com tristeza.

— No momento em que ele visualizar novos ideais de amor, perdão, paz, fé em si mesmo, energias renovadas estimularão suas disposições física e espiritual, fazendo-o acessar intuitivamente o arquivo espiritual para suas realizações - afirmou Olavo.

— Dificulta o entendimento espiritual, Olavo, o fato de o homem preso à vida material trazer o arquivo de experiências passadas fechado? Ou seja, esquecido, ele até afirma que existe somente a vida terrena e nada mais...

— Já não há ninguém na face da terra que ignore a existência divina e imortal de si mesmo.

Somente deixam para mais tarde a atenção sobre assuntos espirituais – Olavo afirmou sorrindo.

— O homem prioriza questões materiais, ignorando que elas são questões espirituais materializadas temporariamente. As ilusões da vida terrena o atrasam em sua evolução e, ao desencarnar, infelizmente, ele nutre um sentimento de perda.

— O homem, na condição de Espírito inteligente, conquistou o direito de usar seu livre-arbítrio, de escolher o que quer para si – ele respondeu.

— A arte espiritual pode ser o instrumento que desperta, esclarece, fortalece, amadurece o Espírito em luta terrena. Com certeza auxiliará o homem a fazer melhores escolhas e a vivenciar consequências mais felizes – afirmei convicto.

O Tema é Tudo

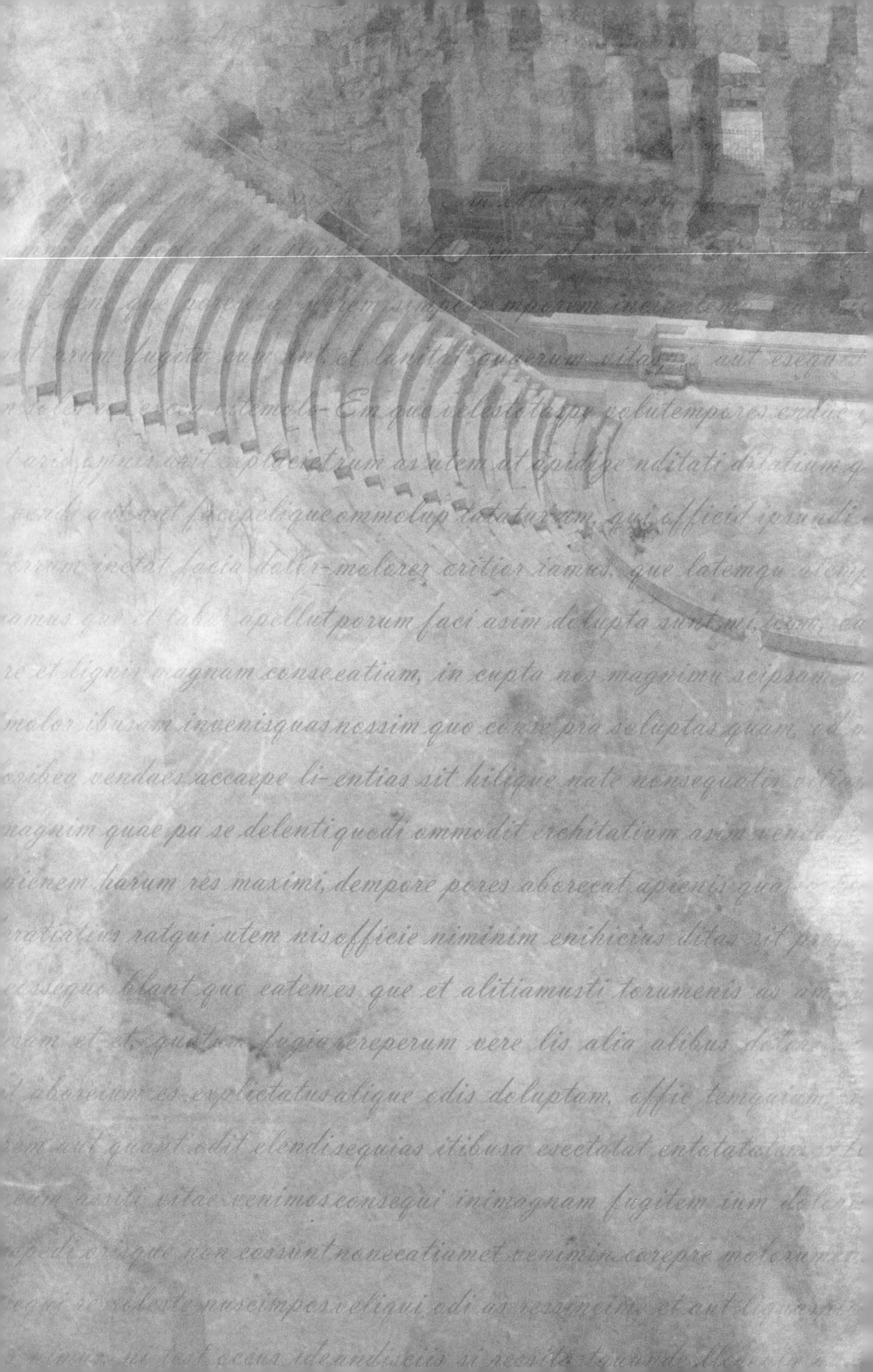

15

Para a vitória é sempre preciso ter coragem de persistir na caminhada olhando para o alto e para a frente, sem esmorecimento, em busca do ideal.

A coragem ou força espiritual é mantida pela confiança em si mesmo e de que você não está sozinho, mas com Espíritos afins no mesmo intento de amor. Confiantes na sabedoria e no amor de Deus, juntos seguem roteiro seguro que conduz à vitória final, ao Bem.

Num espetáculo artístico, o tema é tudo.

Expor tema polêmico evidencia discordância. Polemizar é um engano que traz à tona sarcasmo, injúria, maledicência.

Arte espiritual lida com verdades absolutas. Não polemiza. Apresenta naturalmente a espiritualidade corpórea e extracorpórea.

No teatro, você não vai explorar um tema sob todos os ângulos, não há tempo hábil, nem o psiquismo humano está apto a apreender e meditar todo o sentido espiritual do tema.

Imaginação gera emoção, portanto força criativa. Você pode tocar a razão e o coração do público ativando sua imaginação, que enriquece ainda mais o que recebe. Cada imaginação trabalha em intensidade e profundidade diferente, de acordo com as próprias necessidades.

No meio da imaginação surgem entraves, o desconhecido, o medo, a dúvida. É aí que a direção do tema não deve perder a continuidade. Para dar-lhe o necessário, é preciso considerar o que o público poderá imaginar, formando elos que concatenam as ideias.

Deixar clara a continuidade da vida imperecível do Espírito, que sobrevive à morte. Naturalmente vai mudando a concepção, porque o conhecimento mata a própria morte e ela deixa de existir.

E depois? Como é do outro lado da vida?

Assim como na vida terrena encontramos meios diversos, em outra dimensão também o grau evolutivo da criatura magneticamente a liga ao meio que lhe é próprio.

É fácil de compreender, já que grupos afins também são formados na vida terrena. Quando alguém está num meio impróprio, que não é do seu interesse, não condiz com o que quer, nem encontra quem o compreenda, vai se sentindo deslocado e sua vontade é sumir dali.

Quando a pessoa está no meio que conhece, onde se sente à vontade, locomove-se com desenvoltura, encontra outras pessoas com o mesmo comprometimento, as mesmas conversas, é natural permanecer ali.

Afinal nossas próprias escolhas, nosso teor vibratório de pensamentos e palavras nos sintonizam com o lugar espiritual familiar. Há muitas moradas nos planos espirituais e particularmente uma nos envolve de acordo com nosso grau evolutivo.

Por exemplo: o suicida não vai ao plano onde se estuda arte, porque sua situação espiritual o leva a examinar a preocupação íntima e somente quando equilibrado, com base de vontade e esforço para conquista de outros valores, poderá interessar-se por um estudo, pesquisa, experiência, que vão plasmando nova situação espiritual.

Se o homem de bem, com qualidades morais, fraterno, solidário, for para o lugar de suicidas, irá só para prestar auxílio, porque o lugar compatível com seu grau evolutivo é onde convivem companheiros semelhantes que se atraem, unem-se e juntos se elevam espiritualmente.

Em todos os planos espirituais não falta o auxílio de Espíritos sempre mais elevados, inspirando-nos a nos melhorarmos. A superfície terrena também é plano espiritual, embora vibratoriamente mais grosseiro, denso.

A própria natureza do homem e de tudo passa por etapas evolutivas, ninguém salta de um plano espiritual para outro, assim como nenhum encarnado faz mudanças morais de um dia para outro. Renovar-se, crescer, requer empenho, e mais, árdua luta interior, manifestada aos outros por meio dos nossos bons exemplos.

Podemos olhar para uma pessoa e achar que ela não se empenha em hoje ser melhor do que fora antes. Só Deus sabe do empenho de cada um; entretanto, o teatro pode mostrar que funciona assim.

Chegou o tempo em que a dor e o amor devem ser questionados. A dor parece despertar e expandir nossa consciência. Os cansados de sofrer agora querem docilmente aprender com amor. Digo isso também por mim. Quero aprender, servir, respeitar essa força soberana que chamamos de Deus e engrossar as fileiras do bem.

A lei da evolução se faz, queiramos ou não, porque é lei divina. E somente evoluímos pela dor ou pelo amor. Oriundos de humanidade ignorante, comodista e rebelde, só a dor mesmo para nos tirar do estacionamento evolutivo.

Posso regredir?

Nunca. Tudo evolui, nada regride! O cosmo está em constante transformação, o homem também muda para melhor, para ser mais feliz.

Você pode pensar que a humanidade está regredindo, porque o homem ainda mata cruelmente. Todavia, observe que uma característica da humanidade terrena é a diversidade espiritual, pois reencarnam Espíritos em graus evolutivos diversos, desde o incivilizado, com mais instinto do que sentimento, até o missionário que se sacrifica para nos doar um legado de progresso.

Podemos grosseiramente pensar que alguém que hoje comete um homicídio pode não ter tido a contenção necessária que queria, o instinto foi mais forte do que o grau evolutivo que almejava, mas já melhorou, porque em vidas passadas destruía mais vidas e agora só uma, portanto evolui.

Estamos descobrindo que nada se consegue sem esforço e que o atual comodismo no final é mais penoso. Desconhecíamos que Deus não privilegia e que nosso mérito é calculado pela divina lei de justiça.

Podemos orar, pedir a Deus ajuda, mas fazendo a nossa parte, renovando-nos intimamente para melhor, porque não conseguimos barganhar com Deus, querendo que Ele faça o que compete a nós, seus filhos amados.

Deus é amor, não castiga nem nos culpa, perdoa sempre, não nos faz sofrer, porque Ele é perfeito. Nós temos ideia errônea de Deus porque somos imperfeitos. Sofremos porque nós mesmos nos impomos o sofrimento.

O que funciona são as leis de Deus. E uma delas, que precisa ser vastamente conhecida, é a lei de causa e efeito. A Doutrina Espírita a denomina lei de ação e reação, enquanto a ciência a denomina lei de atração.

Importa ao homem entender que ele possui um livre-arbítrio que precisa ser mais bem administrado.

Toda causa advém de uma escolha que gera um efeito, uma consequência. Por lei divina, ninguém fica sem colher o resultado do que causou. Boa ação traz boa reação. Se a causa é boa, o efeito também. Ação infeliz promove como retorno resultado infeliz, ou seja, atraímos o que damos.

Se em nosso psiquismo geramos pensamentos que irradiam e vibram negatividades, vamos receber mais negatividades ainda, para alimentar o psiquismo. O inverso também é verdadeiro.

Muitos desconhecem o efeito e acham mesmo que o hábito salutar de bons pensamentos é proposta de autoajuda somente para pessoas doentes, depressivas, angustiadas, viciadas.

A humanidade está doente! Pensamentos agressivos, pessimistas, egoístas, melindrosos. Do pensamento para a ação é um passo.

O retorno da ação é proporcional à ação empreendida. Se causamos dor a alguém, uma dor de mesma intensidade retorna a nós. Isso não implica que o retorno seja dor idêntica, não. O tipo, a circunstância e a duração podem ser diferentes, porém o sofrimento é de igual intensidade, a mesma que um dia provocamos. Digo, um dia, porque o retorno às vezes é tardio, porém não falho. Nos fins dos tempos que vivenciamos, o retorno está vindo logo.

Quando nossa vida se apresenta cheia de espinhos dolorosos, quando a caminhada é cheia de pedras, obstáculos que não nos permitem atingir as metas, a causa, cujo resultado só poderia ser o que vivenciamos agora, é anterior. Com certeza, já fomos *espinhos* na vida de alguém, já fomos a "pedra no sapato" do outro, e agora, por lei divina, é nossa vez de suportar o que fizemos outro passar, para só assim avaliar na pele o mal que fizemos.

Nem tudo é resgate. Dor é recurso para que tomemos consciência. Quando a consciência se expande e você sabe como agir, a dor desaparece.

Às vezes encontramos pessoa bem-amada, tranquila, sem grandes dificuldades, que trabalha, aprende, ama e faz o bem que pode. A inveja a rodeia, porque os outros não compreendem por que uma pessoa sofre enquanto outra não. Das duas, uma. Ou a pessoa sem problemas está se fortalecendo espiritualmente para os embates do porvir, ou tem mérito conquistado, recebe tal qual fez por merecer.

Todo bem que recebemos tem causa anterior. Se não nesta vida, com certeza a causa está em existência passada.

Quando hoje, por um mal-entendido ou antipatia, ganhamos um inimigo nesta vida, você pode crer, fizemos esse inimigo. Se a causa não está na vida presente, com certeza está em vida passada, e nos reencontramos agora, não por acaso, para um confronto de paz.

Conversando com Olavo mais uma vez, o que é sempre muito agradável e proveitoso, falávamos do auxílio espiritual acessível a todos, dependendo todavia da própria sintonia do interessado.

— Se há a divina lei de que semelhantes se atraem, por que as criaturas inimigas se reencontram em próxima reencarnação? - inquiri.

— Algozes, encarnados ou não, são aqueles que atraímos quando os prejudicamos no passado. Quando fazemos o bem ou o mal, já atraímos a pessoa para nós. Na verdade, a maioria dos inimigos é composta de antigos amigos, que neste momento evolutivo sofrem alguma discordância.

— E se eu quiser, mas o inimigo não, apaziguar o relacionamento? - perguntei presumindo a resposta.

— Se quer paz, mesmo não correspondido, você sai vitorioso da peleja, porque para Deus importam seu empenho, a boa vontade e a determinação no bem. Seu progresso depende de você mesmo e não do progresso do outro.

— Ah! Vejo muitos casos em que a pessoa não evolui, esperando a evolução do outro. Por exemplo, alguém tem um vício, mas só o deixa se o ente querido também o deixar. A pessoa só faz o bem, se o outro também o fizer.

— Evolução é liberdade. É preciso romper a escravidão dos desejos, das dependências afetivas, das sugestões contrárias, do constrangimento psíquico que a criatura sofre com o assédio de forças espirituais infelizes.

— Esse assédio ou obsessão espiritual é difícil de vencer! - exclamei, por já ter sofrido tal interferência psíquica.

— O encarnado persistente em suas benéficas predisposições espirituais não se deixa abater por sugestões contrárias. Confiante de que faz o melhor, não se permite ser arrastado por negatividades, ele se robustece espiritualmente e pode até converter o Espírito algoz em amigo, desejando-lhe o mesmo bem que quer para si - Olavo acentuou com otimismo.

— Mas o que vejo amiúde é que o homem ouve, entende e admira as orientações recebidas na causa do bem, porém não as pratica. Isso fortalece o assédio, porque o algoz não crê na possibilidade de mudança do assediado, e sim que ele não evolui, permanece o mesmo de outrora - suspirei.

— É claro, quem sempre fez o mal e o colhe como retorno não crê na existência do bem. Acha que os homens fazem cena de cordeirinhos, porém no fundo são sempre perversos. Só a nossa determinação no bem, em pensamentos, palavras e obras, pode converter o algoz espiritual, que vai comparar você no passado com você hoje e notar enorme diferença.

— As criaturas concentram-se na vida terrena como se fosse uma vida única. Quando contrariadas, seguem o preceito antigo do homem, e não de

Deus, "olho por olho, dente por dente". Querem ser felizes, mesmo que para isso tenham de destruir a felicidade do outro – falei, notando que lamentavelmente este ainda é o padrão mental da maioria.

— Cada um está no grau evolutivo que lhe é próprio. Isso não impede que sejam colocados, a quem tem olhos de ver e ouvidos de ouvir, os bens espirituais que nos instruem – Olavo retrucou com calma.

— Enquanto prejudicamos o próximo, fazendo inimigos, não conseguimos ascender espiritualmente – refleti.

— É a lei – ele sorriu.

— Falávamos de auxílio espiritual. Há também o mesmo auxílio de encarnado para encarnado! – observei.

— Sim, são os anjos terrenos que muito auxiliam e, numa ação conjunta com a espiritualidade, servem de instrumento adequado para materializar a ajuda. Os pais, profissionais afins, amigos, familiares são relacionamentos preciosos, e é preciso garimpar entre *pedras*.

— Olavo, na união física entre homem e mulher, eles se atraem pela vontade criadora de unir polos energéticos, a fim de que, completando-se, sejam cocriadores do Eterno na reprodução da vida, para a pluralidade de existências do Espírito no ambiente terreno. No entanto, embora cumpram a divina lei da reprodução, é difícil encontrar um casal que realmente tenha afinidades espirituais.

— Há sempre afinidade espiritual, nada acontece por acaso. O homem e a mulher são diferentes para um completar o outro e não para se rejeitarem – Olavo disse com naturalidade.

— No entanto, o homem frequentemente rejeita a mulher que exibe dotes intelectuais. Além disso, a sensibilidade da mulher, muito mais aguçada do que no homem, é desprezada como algo incômodo e de fato incompreensível para muitos homens. Com isso, há desencontro de potencialidades a ponto de mesmo a arte ficar prejudicada, você não acha?

— O homem deve reverenciar, respeitar, admirar e sensibilizar-se com os sentimentos femininos, assim como a mulher deve respeitar, admirar e acompanhar o raciocínio inteligente, sensato e prático do homem. Até que ambos se enriqueçam com essas características mistas e que somente o padrão sexual físico os diferencie, porque as almas evoluem em todos os sentidos.

— A mulher é mais sentimento, o homem é mais raciocínio. Na arte, para o tema abranger um público misto, mista também deve ser a direção do trabalho, não?

— É verdade, num espetáculo teatral dirigido só por homens ou só por mulheres pode faltar um ponto de equilíbrio – Olavo concordou comigo.

— A reencarnação é o tema mais abordado recentemente – observei.

— A lei de Reencarnação é base. Sem a ideia da reencarnação, tudo fica sem sentido para o homem terreno.

— Pode o homem reencarnar e dar continuidade ao que fazia antes? – inquiri ansioso.

— Pode, e nem sempre o faz. Porque numa visão mais lúcida e ampla ele vê o que será melhor para sua evolução.

— Pode alguém estar no mundo do teatro numa vida, e fora dele em vida futura?

— Viver é um teatro. Se reencarna em outro país, com outros costumes, relaciona-se com pessoas diferentes, administra sua vida material e afetiva na família ou fora dela, você é o protagonista no teatro da vida que muito aprende com seu papel.

— Reencarnar é também dividir seu amor com outras pessoas, não?

— Geralmente, temos o condicionamento de querer que alguém nos ame, e tenha olhos somente para nós. Essa pretensão de dono dos sentimentos alheios, esse pretenso direito, deve acabar com a transformação promovida pela morte. Reencarnar é assumir outro papel, ampliar o campo afetivo, sem, contudo, os laços de amor puro se desfazerem.

— Cada vez mais tenho a certeza de que laços do sentimento fraterno, amigo e de amor eterno se renovam quando nos reencontramos na espiritualidade ou em outra encarnação, e até mesmo quando um e outro se encontram em dimensões distintas - observei feliz - ao que Olavo exclamou:

— Por lei de atração, o reencontro é inevitável!

Seja sempre Verdadeiro

16

Você pode falar de um drama da vida real, sem, contudo, deixar de expor linda história de amor.

Todos apreciamos uma ficção, mas ficamos envolvidos em sonhos que nos retiram da realidade. É por isso que o drama da vida real nos conduz ao equilíbrio, porque a vida também ensina.

A literatura espírita é novo gênero que lida com a verdade, a vida real. Os escritores espirituais transmitem trajetórias consultadas no arquivo de vidas passadas.

Relatar registros de encarnações alheias não é bisbilhotar, mas fazer estudo sobre questões divinas, como justiça, carma, mérito, trabalho, ação e reação. Analisar escolhas, consequências, vidas passadas, causas atuais e anteriores, laços afetivos, oportunidades de reajustes, de reparações, testemunhos de amor ao próximo, ao Criador, e por aí vai.

Teatro e literatura são áreas gêmeas. Teatro espiritual é reflexão!

Fazer teatro não é interferir, tomar partido ou contrariar determinada ideia. Um conceito de vida pode ter diferentes interpretações. Não é forçar a barra para uma certa interpretação, e sim abrir as opções.

Você pode apalpar corações para que o conceito seja elaborado com paixão no íntimo do ser, com equilíbrio entre razão e sentimento.

Por exemplo: numa pesquisa sobre ser a favor ou contra o ato do aborto, há uma série de prós e de contras. Uma mulher pode ser contra em relação aos outros mas mudar de ideia se surpreendida com a própria gravidez indesejada. O inverso é verdadeiro, porque alguém pode achar que socialmente o aborto, em muitos casos, dos males é o menor. Entretanto, vai encontrar mães ainda meninas agarradas ao filho como brinquedo predileto, desenvolvendo um laço de amor indestrutível mesmo que a circunstância tenha sido viabilizada de maneira brutal, promíscua ou sem condições financeiras para tal.

Situações drásticas, evento familiar estranho, circunstâncias difíceis predispõem as almas envolvidas a fortes sentimentos que favorecem virada de atitudes, pensamento forjado na experiência, bom coração desabrochando, assim como a flor que nasce no lodo.

Embora tenhamos que mostrar o mal, para depois, entre os escombros da dor, o bem se erguer, o pecado do diretor de roteiro teatral está em apresentar mais o mal cotidiano, conhecido de todos, do que o bem que possa surpreender e motivar a plateia.

Interessante seria interpretar e representar o mal de maneira subentendida, e o bem ficar muito mais explícito. Depois de o público se acostumar com o teatro espiritual, bastará dizer em cartaz: O bem explícito!

Cenas vão se abrindo pouco a pouco e culminam em abertura no espectador também. Juntamente com o espetáculo, a plateia vai movendo a imaginação, a emoção, a energia interior, de maneira inédita, que só o teatro espiritual pode alavancar.

Olhar pessoas deixando o teatro dá aos artistas meios para observações. Os olhos, a boca e o corpo todo do espectador precisam brilhar, sorrir e quase pular de embevecimento, alegria, esperança!

Não se consegue tudo isso de uma só vez.

Primeiramente, vamos refletir sobre um ângulo que não se pode deixar de lado. Amigos são meigos, educados, colocam panos quentes em nossos sentimentos. Dão-nos razão, apoio, ouvidos para nossas queixas. Já aquele que enxerga quando você pisa nos outros, e não passa a mão em sua cabeça, pode lhe dizer umas verdades!

O mundo está cheio de gente magoada, infeliz, que ouvindo uma só verdade sofre pelo aumento do peso das amarguras que carrega. E corpo que comporta Espírito tão pesado arrasta-se em doenças!

Que desperdício não aproveitar as verdades jogadas na cara como material de primeira para uma boa reforma interior, burilando o íntimo, de modo a tornar-se preciosamente um ser humano melhor. Como seria bom alguém nos dizer uma verdade sem subterfúgios em nome da amizade.

Por que amigos não dizem as verdades que precisamos ouvir? Ora, porque estamos carregados de melindres! Amizade é amor, companhia, auxílio, afinidades. Ninguém está a fim de arriscar a amizade bonita a troco de uma verdade que o outro não aceita.

Quando o teatro mostrar como é importante não desperdiçar tais verdades e principalmente não se ofender com elas, a vida se modificará para melhor, porque cada um constrói a própria vida.

Jesus fez estremecer a terra com seus exemplos de amor! Antes era tudo olho por olho, dente por dente, lembra?

Perdão é ato de amor. Não perdoar é coisa antiga. Desculpar um aqui, outro ali, nada dói, e você ganha um pouco de paz e de luz.

Primeiro a pessoa se melindra, vendo-se prejudicada, vítima. Nutrindo esses sentimentos daninhos, negativos, com repetidas lembranças que fermentam o que poderia ser passageiro, surge o inimigo. O tempo passa, até esquece o primeiro melindre daquele *iceberg* que passou a carregar no coração, sentindo todo o tempo seu peso.

Aceitar o convite amoroso do Mestre Jesus para perdoar o inimigo é uma tarefa quase impossível para muitos.

Agora vejamos. Se tirarmos proveito moral em tudo, o que teremos? Perdão instantâneo. Leveza, alegria de receber, por meio do próximo, recurso para o próprio melhoramento.

Quando se realiza um trabalho como o teatro, sempre sujeito a críticas, é necessário o preparo espiritual. Há críticas negativas e positivas. Não tenha medo de críticas! Seu próprio medo vai irradiar forças negativas e atrair onda de críticas negativas. Essa é a lei de atração.

Maledicência e crítica negativa não chegarão até você, se não tiver medo. Não temendo, você paralisa a crítica dos outros, tolhidos e dominados por sua força mental positiva.

Nenhum de nós é perfeito, não se iluda; todavia, você pode receber uma crítica para iluminar-se!

Se está mentalmente preparado com pensamentos positivos, destemido, confiante de que fez o seu melhor, o fato de alguém ter coragem de lhe oferecer a crítica só pode ser resposta de Deus sobre sua criação.

Não se pode esperar de Deus elogios. Para Ele, sempre podemos fazer um tantinho mais. Será que é muito Deus esperar pelo nosso aperfeiçoamento?

Sua resposta pode vir por meio do melhor instrumento: o próximo.

Temos mais é que agradecer a advertência e considerar a crítica conselho amoroso.

Se incompreendidos, sinal que sejamos mais claros, mais passo a passo no desenrolar de ideias. Sentimentos devem ser apresentados num crescente, até chegar aos mais complexos. Sentimento sutil e abrupto pode não ser claro para muitos, somente aos mais sensíveis.

Depois de realizado um trabalho que obteve compreensão temática do público e aceitação do teatro espiritual, não fique vivendo somente daquele sucesso nem queira realizar continuidades temendo ousar, abrir-se para o novo. Criatividade é mudança, renovação.

Estou convidando meus colegas de teatro para uma abertura, ideias novas, sentimentos novos. Quando começar a apresentar um esboço de arte espiritual no teatro, vai estacionar porque foi um sucesso?

Acaso poderiam vocês supor que o considerado bom ao público terreno ainda não esteja a contento para nós, que aguardamos seu progresso? Que já visualizamos, mentalizamos algo mais e dependemos da receptividade espiritual dos homens?

Vamos romper barreiras interdimensionais! O homem está num plano espiritual e desse plano terreno mais denso não vê outros planos, outras dimensões do Espírito. Vamos conhecer o outro lado da vida para entender o atual lado e nos prepararmos melhor para administrar nossas vidas, onde quer que estejamos.

Vamos derrubar paradigmas antiquados do "*não sei, não posso, tenho medo, seja o que Deus quiser*".

Mentalização é ordem que irradia no cosmo, vibra e atrai mentalização de mesmo teor. Se alguém diz que não sabe, vai continuar ignorante. Se diz que não pode, nada vai ser movido para que possa. Quanto mais medo sente mais provas para sustentar o medo, fechando tudo à sua volta, para que não se liberte da prisão em que se coloca.

O cosmo só entende a linguagem pensamento-forma. Quando queremos algo com força de vontade, pensamos e firmamos a mentalização, que vai e volta.

Você pode mentalizar dez minutos por dia; pode mentalizar durante o período em que escreve, interpreta, ensaia, representa. No entanto, é preciso soltar a mentalização para ela viajar, irradiar-se no cosmo.

Se alguém mentaliza por muitas horas o mesmo pensamento, este adquire uma forma semimaterial, forma-pensamento, e não vai, fica com você. Então você passa a pensar naquilo, dia e noite.

Essa fixação exaure suas forças mentais e provoca rombos na aura espiritual, formando brechas para entrada descontrolada de lixo mental que pode contaminar o cérebro e abalar a saúde.

Daí a importância de desligar-se de preocupações exacerbadas sobre o que quer que seja. Postura mental sadia é mentalizar o melhor possível, jogar no cosmo e aguardar tranquilamente o retorno.

Estejamos confiantes na mente divina onde todas as mentes estão mergulhadas. Atentos, receberemos respostas, retornos, reações, efeitos que demonstram a paternidade divina, dando-nos o que permitimos.

Conclusão

17

Quero agradecer a esta gentil escritora, que se responsabiliza pelo que falamos.

Agradecer ao grupo espiritual que me dá assistência na conscientização sobre o temperamento brasileiro para conseguir dar um pouco de mim.

Agradecer à equipe voluntária que revisa e possibilita a aceitação pública do nosso trabalho.

Falo-lhes com carinho e apreço por tudo o que se faz em nome da arte, de maneira mais intuitiva do que num estudo acadêmico. Este é o ponto delicado que possibilita nosso entendimento.

O meu trabalho vai continuar. Todo aquele que se debruçar sobre esta leitura, refletir, dialogar a respeito, fizer projetos, não estará sozinho, mas comigo ao seu lado.

É com antecipado júbilo que artistas brasileiros e estrangeiros do lado de cá olham novas perspectivas para uma arte espiritual. Em breve estarão reencarnando Espíritos de nobres ideais, perseverantes, obstinados a não se acomodarem na visão artística do que se encontra hoje.

Deus nos permite transmissão de ideias, mesmo em dimensões diferentes, porque amanhã poderemos trocar de moradia espiritual e um continuar a obra do outro.

O amor ao homem, à humanidade, o amor a Deus Pai Criador move-me a desejar ardentemente o progresso artístico em todos os ramos de expressão e ao mesmo tempo resignar-me tranquilamente, repetindo um pensamento divino: Seja o que o homem quiser!

OBRAS DE SAARA NOUSIAINEN

Chegou a Hora... E agora?
Saara Nousiainen
16x23 cm | 224 Pág.

Nesta obra, a autora, com seu estilo envolvente e esclarecedor, indica a melhor forma de nos prepararmos para os eventos referentes à transição planetária, além de nos capacitar a colaborar como presenças benéficas nos acontecimentos vindouros.

Nós e o Mundo Espiritual
Saara Nousiainen
12x15 cm | 208 Pág.

Tudo sobre o mundo espiritual e seu interrelacionamento conosco, nos milenares processos evolutivos do ser humano e da vida. Os ensinamentos de Jesus sob nova ótica e muitas outras questões.

Mundo Espiritual
Perguntas & Respostas
Saara Nousiainen
14x21 cm | 256 Pág.

Obra simples, direta e elucidativa, abordando diversos temas relacionados à Doutrina Espírita, utilizando o método de perguntas e respostas.

Um Forró no Umbral
Saara Nousiainen
14x21 cm | 160 Pág.

Com estilo leve e agradável, por vezes divertido, a autora põe na trama desses enredos verdades profundas que nem sempre são percebidas no cotidiano. Com 24 contos em que se combinam lições de vida e emoções.

OBRAS DE EDISON CARNEIRO

Buscando a Luz
Edison Carneiro e Manuel S. Soares
16x23 cm | 384 Pág.

Graças à ação das leis divinas, Manuel se motiva a buscar a luz interior, incorporando à sua mente "a razão do Evangelho", preparando-se cuidadosamente para uma encarnação de expiações e provas.herdeiros de nossas próprias ações.

Chagas de Luz
Edison Carneiro e Manuel S. Soares
16x23 cm | 320 Pág.

Aprenda o lado espiritual da infância, adolescência e mocidade, acompanhando Manuel que vive essas idades num leprosário. São duras fases de provas e expiações, planejadas antes do nascimento.

Maria Mãe de Jesus
Edison Carneiro, Yvonne Pereira e Francisco C. Xavier
14x21 cm | 192 Pág.

Esta antologia procura silenciar a voz da imaginação, reunindo textos que considera fiéis a realidade, resultando numa biografia fidedigna, conquanto com lacunas, da Mãe de Jesus; são acrescentados alguns "flashes" das atividades de Maria na espiritualidade e poemas retratando Nossa Senhora.

OBRAS DE NELSON MORAES

Um Roqueiro no Além
Nelson Moraes/Zílio
14x21 cm | 128 Pág.

Roqueiro famoso, surpreendido pela morte prematura causada pelo uso abusivo de álcool e de drogas, se vê diante de uma realidade que jamais imaginara.

Há Dez Mil Anos
Relatos de lembranças de uma vida passada
Nelson Moraes/Zílio
14x21 cm | 160 Pág.

Do mesmo autor de Um Roqueiro no Além, esta obra reúne relatos de lembranças da vida passada do Espírito Zílio.

Perdão
O Caminho da Felicidade!
Nelson Moraes/Aulus
14x21 cm | 128 Pág.

O perdão é o verdadeiro caminho da felicidade. A obra narra episódios onde incompreensão e mágoa funcionam como cárceres mentais, atravancando o progresso moral do homem.

Einstein e Kardec
A conexão Entre a Ciência e a Fé
Nelson Moraes
14x21 cm | 160 Pág.

Allan Kardec foi o cientista da alma, Albert Einstein deu alma à ciência! Desenvolveram nos corações uma religiosidade genuína, fundamentada em um conhecimento científico da natureza humana.

OBRAS DE MARCIAL JARDIM

Libertos Pelo Perdão

Marcial Jardim/ Álvaro
16x23 cm | 384 Pág.

Durante a Segunda Guerra Mundial, milhões de seres humanos tiveram suas vidas ceifadas em nome do preconceito e do ódio.

Todavia, Deus lhes concedeu nova oportunidade encarnatória, onde vítimas e algozes se reencontram para, valendo-se das perfumadas veredas do perdão, intentarem se reconciliar.

Antes e Depois...

Marcial Jardim/ Álvaro
14x21 cm | 288 Pág.

Fugimos às leis dos homens, mas não escapamos da aplicação das Leis divinas!

Resgatando Almas

Marcial Jardim/Álvaro
14x21 cm | 288 Pág.

Inquisidores do passado procuram saldar os débitos contraídos, reparando atitudes que fizeram algumas almas se afastarem de Deus.

Uma questão de tempo...

Marcial Jardim/Álvaro
14x21 cm | 256 Pág.

Relato das experiências vividas por um mesmo grupo de pessoas, em três épocas distintas, no Brasil e na Itália.

Os Exilados da Capela
Edgard Armond
14x21 cm | 192 Pág.

A formação e evolução das raças no planeta Terra. Obra extraordinária que cuida das grandes indagações dos homens acerca do início da humanidade.

Na Cortina do Tempo
Edgard Armond
14x21 cm | 128 Pág.

Sobreviventes salvos da Atlântida preservam seus conhecimentos destinados à posteridade.

Almas Afins
Edgard Armond
14x21 cm | 160 Pág.

A trajetória de Espíritos afins desde a submersa Lemúria até os dias atuais.

OBRAS DE ROBERTO DE CARVALHO

Colhendo Bênçãos
Roberto de Carvalho/Basílio
16x23 cm | 352 Pág.

Apresentando sintomas de doença terminal, Juliano é levado por sua noiva, Flora, a um Centro Espírita, onde recebe tratamento espiritual e é desvendada a perseguição de vingadores desencarnados.

Uma História de Perdão
Roberto de Carvalho/Basílio
14x21 cm | 224 Pág.

Elias é falsamente o acusa de haver cometido um crime. Após longa pena num presídio, fica sabendo que o ex-patrão está morto. Endurecido pela revolta, encontra no espiritismo esclarecimento e conforto.

A Cabana das Flores
Roberto de Carvalho/Basílio
14x21 cm | 224 Pág.

Prósperos fazendeiros, os integrantes da família Trajano foram inimigos na encarnação anterior. Sob as orientações de um médium curador, lutam para vencer os conflitos familiares e se perdoarem.